# 我国地方预算绩效管理改革

## ——基于引入第三方评价视角

孙 懿 著

中国财经出版传媒集团
中国财政经济出版社

**图书在版编目（CIP）数据**

我国地方预算绩效管理改革：基于引入第三方评价视角 / 孙懿著．—北京：中国财政经济出版社，2020.12

ISBN 978－7－5223－0145－7

Ⅰ．①我…　Ⅱ．①孙…　Ⅲ．①地方预算－经济绩效－财政管理－财政改革－研究－中国　Ⅳ．①F812.7

中国版本图书馆 CIP 数据核字（2020）第 217209 号

责任编辑：胡　博　张晓丽　　责任印制：刘春年
封面设计：孙俪铭　　责任校对：徐艳丽

中国财政经济出版社 出版

**URL**：http：//www.cfeph.cn

E－mail：cfeph@cfeph.cn



社址：北京市海淀区阜成路甲 28 号　邮政编码：100142

营销中心电话：010－88191522

天猫网店：中国财政经济出版社旗舰店

网址：https：//zgczjjcbs.tmall.com

北京财经印刷厂印刷　各地新华书店经销

成品尺寸：170mm×240mm　16 开　10 印张　151 000 字

2021 年 1 月第 1 版　2021 年 1 月北京第 1 次印刷

定价：50.00 元

ISBN 978－7－5223－0145－7

（图书出现印装问题，本社负责调换，电话：010－88190548）

本社质量投诉电话：010－88190744

**打击盗版举报热线：010－88191661　QQ：2242791300**

# 前言

预算绩效管理是政府绩效管理的重要组成部分，是西方绩效预算理念与中国预算管理实践相结合的产物。为促进我国财政管理更加科学、精细、公开、透明，实现资源配置的效益最大化和效率最优化，财政活动的效益和效率问题是首先要解决的问题之一。因此，将预算绩效管理作为提高资金使用效益的有效手段，以提高财政支出效率作为下一步监管的重点，进一步推进预算绩效管理改革，是我国面临的重要课题。

我国国情特殊，各地经济发展水平不一、财政体制各有不同，要深化预算绩效管理改革，必须考虑地方的特殊情况，发挥地方的积极性。由于我国地方政府处于向高效服务型政府转型中，要加快政府职能的转变、树立政府权威性的重要方式是正确地履行社会管理和公共服务职能，合理地将财政资金分配在社会事业和解决民生的问题上。但由于我国地方财政资金支出管理方式落后，对财政资金的使用普遍存在缺乏效益观念的情况。只注重财政资金的使用，对资金使用的效果缺乏追踪和绩效评价，导致效益不高和铺张浪费现象时有发生，影响了财政资金作用的发挥。在这种情况下，推动地方预算绩效管理改革对于解决财政资金使用效益低和财政支出效率低的问题有着重要的意义，探讨地方如何推动预算绩效管理具有现实必要性。从财政角度来看，地方预算绩效管理是缓解地方财政收支矛盾，提高支出绩效水平的重要手段；从社会角度来看，地方预算绩效管理是改善和保障各地民生的重要依据；从政治角度来看，地方预算绩效管理是实现地方政府执政合法性的重要路径；从各地实践探索的角度来看，我国从推行试点工作，到逐步全面实行预算绩效管理，不断深化地方预算绩效管理改革的思路和程度。

在探讨地方预算绩效管理改革时，必须考虑地区间的差异性，在预算绩效管理改革时，路径设计需要在保持整体上趋同的基础上，又能兼容各地区的特殊情况。同时也要考虑地方政府过度依赖绩效合法性，而导致对经济的过度干预造成资源浪费、忽略民生问题等情况，以及地方政府官员作为理性人对提高自己政绩行为的偏好，这直接影响到地方绩效评价结果的真实有效性。当前，学界认为要深化地方预算绩效管理改革需要从加强预算绩效管理的各个环节、完善相关制度、推进配套的改革等方面努力。因而，要采取一些措施对地方政府绩效进行客观评价，综合公众满意度、公信力和公开程度等方面的绩效评价，监督地方政府行为，有效地促进各地执政能力的提升。在近几年的实践中，各地对深化预算绩效管理改革进行积极的探索，并拥有初步改革的实践经验。但随着改革的不断深入，经济形势的不断变化，财政收支矛盾日益彰显，部分地方的预算绩效管理改革实践受限于地方会计环境、外部经济环境、地方政治环境、政府间责任分摊等各方面因素的制约，形成绩效观念尚未牢固树立、各地预算绩效管理水平发展不均衡、地方政府财政受托责任不清晰、专门的机构和专业人员的缺乏、公众参与度较低、预算绩效管理体系尚未完善的局面，阻碍了预算绩效管理改革的进一步深入。此外，仅仅对支出进行绩效评价，以及对财政资金支付的合规性进行绩效评价，已无法完整地描述地方财政活动取得的绩效，不能保证财政活动实现资源配置的效益最大化和效率最优化。我国通过引入第三方评价的方式来弥补政府内部评价的局限性，确保绩效评价结果的客观性和独立性，但是现阶段第三方评价的应用受到法律法规不完善、独立性难以确保以及监督机制不健全等问题困扰，如何有效地引入第三方评价，推动预算绩效管理工作的发展仍是当前面临的主要问题。

各地逐步深化预算绩效管理改革虽然取得了一定的成果，但从地方预算绩效管理体系的完整性角度分析，体系中的各环节衔接并不够紧密，与全过程预算绩效管理的形成还存在着差距。鉴于地方预算绩效管理改革是一个长期、艰巨、复杂的系统工程，本书将如何推进地方预算绩效管理改革作为重点关注的问题。本书在已有研究基础上，以我国地方预算绩效管理改革为研究主题。探究推进我国地方预算绩效管理改革的环境分析以及存在的难点，进而从制度保障体系、改革框架设计、引入第三方评价的模式设计等方面提出改革的思路以及政策建议，最后提出完善的配套制度改革。

本书的章节安排如下：第一部分：包含第1章、第2章和第3章。第1章主要阐述本书的研究背景及意义，国内外相关文献综述，主要研究内容和研究方法。第2章主要从理论分析入手，以委托—代理理论、新公共管理理论、公共产品理论、公共选择理论等定性理论为基础，对相关概念进行界定。第3章主要梳理我国地方预算绩效管理的实践探索经验以及进一步深化的难点，包括对推进地方预算绩效管理改革的环境缺陷分析，以及预算绩效管理体系中各环节衔接不紧密的深层次原因，并以此为起点，从进一步完善的角度展开研究。第二部分是本书第4章。第4章主要是对国外绩效预算改革的经验借鉴，通过分析美国、英国和韩国推行绩效预算管理的历程以及模式，对改革的特点和具体做法进行评价分析，从借鉴的角度，深化我国地方预算绩效管理的改革。第三部分是本书第5章。第5章根据我国地方预算绩效管理的进展情况和典型国家绩效预算改革经验借鉴，提出推进我国地方预算绩效管理改革的思路，从总体目标、基本原则、实施改革的先行条件、拓展管理范围和层次、深化预算管理制度改革和健全管理制度体系等方面，对我国地方预算绩效管理改革的思路进行设计，这有助于理清下一步地方预算绩效管理改革的发展方向。第四部分是本书第6章。第6章主要按照全过程预算绩效管理的要求，从预算编制、预算执行和监督、绩效评价体系、绩效评价结果及运用四个层面进行研究，系统地构建地方预算绩效管理框架体系，从改革框架设计、引入第三方评价的模式设计、建立激励机制和问责机制等方面提出有针对性的政策建议。

本书的创新点在于：

第一，拓展、丰富了地方预算绩效管理的内涵。从理论架构入手，对预算绩效管理的理论基础进行了初步探源与整体构建。本书在借鉴国外绩效预算理论的基础上，从历史视野和逻辑范畴为改革地方预算绩效管理实践搭建了一个大致的理论基础框架，强化对实践工作的指导与推动。

第二，从引入第三方评价的视角，分析如何客观的评价地方财政活动取得的绩效，从而保证预算资金实现资源配置的效益最大化和效率最优化。同时设计出优化地方预算绩效管理中引入第三方的模式，提出具有普遍适用性的评价原则，并尝试提出第三方评价的规范性制度及方法设计，虽然这一评估规范框架尚不成熟完善，但其创新意义却是显见的。

第三，为改革地方预算绩效管理提供可行的政策建议。在地方预算绩效管理制度、战略构想以及运行机制等方面提出改进措施，优化地方预算绩效管理框架。

目录

# 1 绪　论

## 1.1 选题背景与研究意义

### 1.1.1 选题背景

财政是国家治理的基础和重要支柱，而预算是现代财政管理的基础。随着国家治理的进一步深化，建立与其相适应的现代财政制度中，推行预算绩效管理是其中重要的组成部分。我国预算绩效管理的推行是在借鉴西方国家绩效预算经验的基础上，在我国预算管理过程中产生并发展的一种以提高财政资金使用效果为目的的预算管理模式。目前，为促进我国财政管理更加科学、精细、公开、透明，推进预算绩效管理改革是当前时期的重要课题。在这种情况下，地方预算绩效管理改革顺应而出。地方预算绩效管理不仅是地方政府改革的内在要求，也是实现向服务型政府转型的必然之路。通过地方预算绩效管理改革，实现财政资源配置的效益最大化和效率最优化。

（1）政府职能的转变要求我国预算绩效管理不断加强。

从古典的“守夜人”政府，到凯恩斯时期实行宏观调控的政府，再到今天不断建设的服务型现代政府，政府的职能发生很大的转变，它不仅看重提供给社会公众所需公共产品和服务的数量，同时也要求政府对其服务进行评估与管理，更加重视财政资金的使用效率。而通过预算绩效管理来约束政府行为，是构建高效率政府的有力工具。

2002年，党的十六大报告中提出“转变政府职能，改进管理方式，进一步形成行为规范、公正透明、廉洁高效的行政管理体制”。此后，我国从中央到地方开始积极探索绩效预算评价，不断地积累实践经验。在国家政策的推动之下，预算绩效评价开始规范化发展，同时出现部分成功的绩效预算试点，并为进一步深化预算绩效管理的改革提供了借鉴，也为下一步制定规章制度和操作方法提供思路。2008年，党的十七大报告中指出“加快行政管理体制改革，建设服务型政府”，同时“深化预算制度改革，强化预算管理和监督”。这表明我国要建设一个反映民意，实现公众需要的政府，通过规范预算资金分配、提高使用效率对预算支出进行考评，不仅能够了解政府行为，更能反映出政府是否有效率的履行职能。通过预算绩效管理模式，恰当地将“看不见的政府”变为“看得见的政府”。2013 年，党的十八大报告中再次强调“建设人民满意的服务型政府”，同时提出“加强对政府全口径预算决算的审查和监督”。表明了预算绩效管理改革将按照精细化和科学化的原则，从预算编制、预算执行、绩效评价、结果的反馈与应用等方面深化改革。2018 年 9 月《中共中央、国务院关于全面实施预算绩效管理的意见》印发，要求用 3—5 年时间基本建成全方位、全过程、全覆盖的预算绩效管理体系，实现预算与绩效管理一体化，这是党中央、国务院对全面实施预算绩效管理作出的顶层设计和重大部署，为预算绩效管理指明了方向、规划了路线、明确了措施。

（2）国外绩效预算改革的持续推进。

绩效预算是一种以结果为导向，以支出效果为核心，以成本效益为衡量标准的预算管理方式，是以改进公共服务质量为宗旨的公共管理改革。绩效预算最早起源于美国，其理念的萌芽可以追溯到 1907 年美国纽约市政研究局的“改进管理控制计划”，主要强调提高资源的使用效率。第二次世界大战之后，庞大的公共需求导致支出日趋增多，而传统的预算方法与财政规模的扩张呈现出不适应的局面。1949 年，胡佛委员会正式提出绩效预算的概念，并将其引入到政府预算管理过程中。20 世纪 70—80 年代，因受到战争的影响，经济增长在很长一段时间陷入滞涨，不少国家的财政陷入赤字局面。为改善这一僵局，西方各国掀起了一场“新公共管理”运动，以提高政府效率，改善资金使用质量为目的的“重塑政府”行为。受到英国、美国采取的绩效导向预算模式影响以及新公共管理运动的推动，澳大利亚、新西兰、加拿大等国也开始推行以结果为导向的绩效预算改革。20 世纪 90 年代后，越来越多的国家在不同程度上实施了绩效预算。虽然各国实行的模式有差异，但是其核心目的都是监督和控制财政支出，改善政府工作效率，提高支出效益。

目前，从世界各国的预算发展历程来看，绩效预算仍是政府治理和预算改革的主题之一。虽然我国的国情和其他国家不同，但各国绩效预算的先进理念和实践方法对我国预算绩效管理改革都是一种借鉴和指导。

（3）当前我国预算管理改革面临的困境。

近年来，随着支出规模的不断扩大，我国政府在公共服务建设中取得不错的成果，同时也积极推动了各项经济发展。随着经济总量的不断扩大，政府管理方式的不到位以及财政资金使用效率不高，逐渐导致政府收支产生矛盾。这和我国部分支出只注重投入而忽略产出，只注重过程而忽略结果的预算模式相关。因此，探索出与时俱进的预算管理模式是当前预算改革的重点，而解决当前窘境的途径之一，是将预算管理与绩效管理相结合；将绩效贯穿融合到预算管理的全过程中，强化绩效评价结果的反馈和应用，来增强预算决策的科学性；将预算绩效管理作为提高资金使用效益的有效手段，以提高财政支出效果作为下一步监管的重点，用绩效评价结果的公开来回应社会的质疑等，进而有效地解决我国预算管理面临的困境。

（4）我国在法律和政治层面上的支持，稳步推进了预算绩效管理的下一步改革。

预算绩效管理的改革是完善国家治理体系，实现预算现代化建设的重要途径之一，党的十八届三中全会上通过的《关于全面深化改革若干重大问题的决定》提出财政是国家治理的基础和重要支柱，而作为国家财政基本的制度，预算制度的完善程度反映着国家治理水平的高低。因此，建立现代预算制度是建立现代财政制度的关键。以“预算法治”完善现代预算制度，保证了预算全过程的合理性与合法性。2014 年修正的《预算法》首次以法律形式明确了我国公共财政预算收支中的绩效管理要求，基本形成现代法治预算的基本原则。同时，在预算全面性、公开性、预算软约束方面做出重大突破。预算绩效管理改革是一个长期、持续的改进过程，随着改革进程的深入推进，我国既从政治上提供了动力与支持，也为预算绩效管理改革提供了压力。党的十九大提出“全面实施绩效管理”，到 2018 年 9 月发布的《全面实施预算绩效管理的意见》又将其聚焦于预算绩效管理，并将“全面”具体化为“全方位、全过程、全覆盖”，给出了具体的改革路线图、时间表，将预算绩效问题纳入到推进国家治理体系和治理能力现代化之中。

（5）各地为推进预算绩效管理改革做出积极的探索与实践。

中央政府对地方预算绩效管理的推动非常重视，出台了相关的法规文件，并开始在地方政府范围进行试点工作，以浙江省、广东广州市、广东佛山市、江苏无锡市、上海闵行区为代表的一些省份地区进行创新尝试，并取得一定的经验，为下一步深入推广预算绩效管理提供了良好的借鉴和政治条件。但是由于各地政府的执政能力有差别，以及地方情况错综复杂，导致预算绩效管理水平参差不齐，在很大程度上无法满足各地社会公众的需求，距离整体全面的实施预算绩效管理改革还有一定差距。当前，需要根据各地政府的实际情况，在预算绩效管理的思路和体系框架设计上做出更多改进，逐步在技术层面和制度层面健全预算绩效管理体系，同时完善预算绩效管理改革的相应配套措施，进一步推进我国地方政府预算绩效管理的发展。

(6) 各地积极引入第三方绩效评价，推动预算绩效管理工作的发展，逐步建设透明、高效的服务型政府。

近年来，我国各地为加速服务型政府建设的进程，在预算绩效管理过程中积极引入第三方评价，促进了财政资金管理和使用效益的提高，增强相关责任主体的绩效意识，并使财政支出绩效评价工作逐步走向规范化、专业化和科学化。在地方预算绩效管理中引入第三方评价的参与，充分发挥其独立性、专业性和权威性。一方面对地方政府绩效进行客观评价，在公众满意度、公信力和公开程度等诸多方面进行评估，为各部门提供政策建议；另一方面，它作为一种监督手段和治理模式，有效地促进各地执政能力的提升。各地加强对第三方评价的管理，有助于深化预算绩效管理的水平，使各项工作透明化，不断提高政府绩效水平，为建设透明、高效的服务型政府奠定基础。

### 1.1.2 研究意义

(1) 丰富预算绩效管理理论，完善地方预算绩效管理的理论体系。

从最早的美国市政局开始的“改进管理控制计划”，绩效预算的主题研究已有上百年历史，从研究视角上看，国外学者从政治学、经济学、公共管理学、法学等学科角度对其进行研究，各国在绩效预算的实践及制度上也相应形成了一定理论，由于与我国政府的国情不同，我国不能完全照搬西方成型的理论和模式，因此，要在符合我国国情的基础上推广和构建现代预算制度。随着社会发展情况越来越复杂，对绩效预算的科学化与技术化也提出了新的要求。本书通过回顾经典的预算理论对我国预算改革的指导，梳理分析我国绩效预算制度的历史演变过程，探究地方预算绩效管理模式改变的积极因素和消极影响。在此基础上，丰富地方预算绩效管理的相关理论，推动具有中国特色的政府预算理论的构建，对公共财政理论的新发展，具有较强的理论意义。

（2）构建地方预算绩效管理的改革路径，具有现实参考价值。

2012 年，财政部出台《预算绩效管理工作规划（2012—2015 年）》，明确提出将全面推进预算绩效管理作为现阶段任务。对此，我国各地都进行积极探索，并逐渐走向全面推进建设预算绩效管理体系的道路。但是由于各地方政府的执政能力有差别以及地方政府的情况错综复杂，导致地方政府的绩效预算执行水平参差不齐，从而影响预算绩效管理的全面实施。深入推进地方预算绩效管理改革，需要对当前地方预算绩效管理模式所处的困境进行分析，总结前期的试点经验，延续有益的做法，形成地方预算绩效管理的理论基础；从操作和实用的角度探析地方预算绩效管理的改革路径，进一步完善政府预算体系的构建提供理论思路，有利于促进我国现代预算制度的构建。

（3）推动地方预算绩效管理的不断深化，为下一步改革提供政策建议。

预算绩效管理强调以结果为导向配置预算资源，有效地弥补了我国传统预算中单纯以投入控制为取向的不足，提高政府公共支出管理水平和财政资金使用的有效性。目前，我国财政资金支出管理方式落后，导致资金使用效率不高，存在资金使用无效或低效的现象，因此实施预算绩效管理改革不仅是提高资金使用效率的方法，同时也是改变参与者观念、管理方式以及重建预算制度的途径，对深化我国预算管理制度的改革具有重要的现实意义。虽然各地政府的外部经济环境和社会环境有所区别，但是在相似的政治环境下，选取典型的地方案例进行剖析，将其做一个参考标准，其他地区进行对比了解，为下一步实施改革提供方向。

预算绩效管理赋予部门及其管理者在资金使用上自主执行权，不仅有助于各部门按照成本效益原则优化配置资源，也有助于明细财政资金支出产出的绩效成果。近年来，公众的民主意识逐渐增强，对政府资金活动和产出效率的知情权呼声越来越高，为提高财政支出绩效评价的公信力，我国通过引入第三方的评价方式来弥补政府内部评价的局限性和不足之处，确保绩效评价结果的客观性和独立性，不仅能够克服政府内部评价扮演双重角色的矛盾，还能有效地将绩效监督与社会公众监督相结合，推进财政资金支出的透明性。目前，我国的第三方评价机构依托于高等院校和科研单位的研究组，不同领域和不同行业的专家组以及专门评级的社会中介机构，组成成员来自不同社会阶层，具有人才、理论和专业的优势，从不同的角度对社会公众的需求及利益进行关注和了解，能够更加客观科学地对预算绩效进行评价。因此，加强对预算绩效评价中第三方机构的管理，有利于提高财政支出绩效评价的科学性，推进各地政府的科学理财，同时促进地方预算绩效管理工作更具独立性、专业性和权威性，增加地方预算绩效管理的透明度，有效增加公众监督。

## 1.2 文献综述

### 1.2.1 国外相关研究综述

#### 1.2.1.1 国外绩效预算的实践探索

在特定的历史背景下，西方国家的绩效预算改革历经了两个阶段，呈现出不同的目标和重点。

(1) 20 世纪 70 年代以前——早期绩效预算阶段。

绩效预算起源于 20 世纪 50 年代的美国。1949 年，胡佛委员会正式提出“绩效预算”的概念。最初的绩效预算实施是通过测量各个机构的成本和工作量来提高管理效率，虽然这种方式可以避免一些政治冲突，但是管理者的积极性并没有很高，在这种情况下，很多活动难以明确测出产出，而且测量成本也较高。其中，最为突出的矛盾是预算决策者无法在绩效测量的共识上达成一致，这一系列问题导致绩效预算在当时的美国没有成功。尽管绩效预算在早期阶段没有得到普遍推广和运用，但它将活动信息整合到预算过程的做法却沿用到以后的预算改革。①

20 世纪 60 年代，美国建立计划项目预算体系（Plan Program Budgeting System，PPBS），它通过项目将计划和预算衔接起来，预算权衡发生在同项目之间，引起同项目间资金的激烈竞争。计划项目预算被称为是预算史上首次为政府内部整合计划与预算做出的一次努力②，Schick（1966）提出在通向计

---

① 马骏，赵早早．公共预算：比较研究［M］．北京：中央编译出版社，2011：301－308.
② 马骏，赵早早．公共预算：比较研究［M］．北京：中央编译出版社，2011：320.

划项目预算的路上，将预算的重心逐步从控制转向管理。[①] 计划项目预算在国际上产生很大的影响，很多国家将其引入到本国的预算体制，到20世纪60年代，50多个国家在实行不同的项目预算和绩效预算。[②] 虽然这些国家并没有完全成功，但都在积极推动国家的预算模式，在后期对计划的重视逐渐演变成预算支出框架，对绩效预算的改革产生深远的影响。20世纪70年代，为使预算模式更加合理化，各国开始推行零基预算（Zero - Based Budgeting，ZBB），这是一种以管理为取向的预算模式。最初，这种理念吸引了各个国家，但是在实行的过程中，却很难达到预期的效果。迄今为止，零基预算的改革并没有取得成功的案例。[③]

早期的预算改革虽然都没能取得成功，但在不同程度上影响了预算管理，为在推进政府预算活动更加合理化及探索提高资源配置的预算模式方面做出了贡献。它们当中有价值的成分被吸收进了20世纪80年的新绩效预算中，为新绩效预算的实施和改革奠定基础，并积累了宝贵实践经验。

（2）20世纪80年代开始——新绩效预算阶段。

在20世纪80年代初，世界各国均面临财政危机、管理危机和信任危机，此时，财政赤字变成各国最棘手的问题。不管是通过削减预算来减少政府支出的做法，还是提高税收缓解财政赤字的做法都会触及一部分人的利益，实行起来困难重重。在这种情况下，财政危机、削减支出的社会压力以及公民对政府信任下降等因素推动西方国家开始了新一轮的预算改革——新绩效预算改革。1982年，英国启动了“财政改革创新”活动；1983年，澳大利亚启动了“财政管理改进项目”和“项目管理和预算”革新；1989年，新西兰颁布了《公共财政法案》，这一系列预算方面的改革和创新标志着这些国家迎来了新绩效预算时代。通过研究20世纪80年代实施预算改革的国家后，Sthick（1990）指出澳大利亚、加拿大、丹麦、瑞典和英国等国家已经开始进行某种旨在“为结果而预算”的改革。[④] 在新绩效预算的改革中，美国的

① Schick A. The Road to PPB：The Stage of budget reform. Public Administration Review，1966，26（12）：243 - 258.

② Axelrod，Donald. Budgeting for modern goverment. New York：St Martins Press. 1988：272.

③ 马骏，赵早早．公共预算：比较研究［M］．北京：中央编译出版社，2011：346.

④ Schick A. Budgeting for Results：Recent Developments in Five Industrialized Countries［J］Public Administration Review，1990，50（01）：26.

起步稍显落后。1993 年，美国国会通过《政府绩效和结果法案》，将预算管理转向到一个效率和效果取向的体系，这才开启美国预算改革的新阶段。

新绩效预算不同于之前的预算改革，它意图将支出和结果联系在一起，是一种以结果为导向的预算，不仅仅是提高资源配置效率，同时，也将关注的焦点转换成是否能够最大程度地满足公众利益，即公众的满意度。在新绩效预算过程中，要求各层级决策者在资源需求和期望结果之间能更好地掌握与理解。马骏、赵早早（2011）提出，对比传统预算，新绩效预算是革命性的。① Hardt L（2011）对新绩效预算的含义进行比较全面的阐述：新绩效预算考虑到长远性，同时主张在总额约束的条件下，根据整体的思考，确定战略目标与规划，在此前提下权衡出合理的活动，并对活动进行以结果为导向的绩效测量的基础上，进行最后的绩效评估。② 到 20 世纪 90 年代，一些发展中国家也开始走向新绩效预算时代，如马来西亚建立了注重效果的项目预算体系；智利引入公共部门绩效问责制度；泰国设立“跨栏管理”制度等。为进一步推进新绩效预算改革，各国政府试图将私营企业成功的管理方式和技术引用到公共部门中，对公共部门的绩效评估开始以“3E”（Economy、Efficiency and Effectiveness）为主，具体包括“总量配置效率”（Aggregate Allocation Efficient）、“配置效率”（Allocation Efficiency）以及“技术效率”（Ethnical Efficiency）。其目的是提高政府行政管理效率，特别是预算资源的配置效率。③ 这种方式也被称为是以市场、顾客为导向来促进政府绩效改进，试图在提高公共管理水平及公共服务质量的基础上来提高资源配置效率的新公共管理（New Public Management，NPM）。这种与现代企业管理方式相融合的理论，为绩效预算理论的发展开创了新的视角。④

**1.2.1.2 国外绩效预算内涵的研究**

在阐述绩效的概念时，国外学者从不同的角度进行了解释。Otley

---

① 马骏，赵早早．公共预算：比较研究［M］．北京：中央编译出版社，2011：354.

② Hardt L. Improving the quality of governance in Poland through performance based budgeting［J］. Mpra Paper，2011.

③ 白晓荣．绩效导向预算改革研究述评［J］．中国信息管理化，2015（05）：7－10.

④ 杨雅琴，刘美岑．绩效预算的国际借鉴及改革路径［J］．地方财政研究，2013（06）：34－39.

(1999) 认为绩效是工作的过程及其达到的结果。[①] Premchand (1995) 在《公共支出管理》一书中提到绩效包含效率、产品与服务数量及质量、机构所作的贡献与质量，同时包含节约、效益和效率。[②] Dubnick (2005) 认为绩效包含四层含义，分别是所有执行的活动（不论这些活动是否成功）、一种胜任能力（或者生产能力）、等同于结果（而不考虑结果的获得方式）、可持续的结果（即公共部门能够将自身能力转换为产量和成果）。[③] 亚洲开发银行的 Salvatore (2001) 认为绩效是一个相对的概念，绩效实质上不仅包含外部效果，也包含内在的努力程度，也可以用“努力”和“结果”对其进行定义，可以通过投入、产出和成果来描述。[④]

虽然西方国家推行绩效预算已有较长时间，但对绩效预算的准确定义仍然存有争议。对于绩效预算的解释，各国学者试图从不同的角度进行描述，最早可以追溯到1950年美国总统预算办公室对它的定义：绩效预算阐述请求拨款的使用目的和目标，提交所需的资金数额，还要确定可量化的指标来衡量其在实施每项计划的过程中取得的成绩和完成工作的情况。[⑤] 这表明绩效预算是一种以产出和结果为重点的公共预算模式，在公共资源有限的前提下，通过绩效预算可以合理且有效地分配财政资金。世界银行 (1998) 将绩效预算定义为是一种将政府活动的信息整合到预算过程，约束政府将每项活动的相关费用保持在预算范围内，同时将支出和效率联系在一起，使预算决策能够很大程度上建立在政府做了什么及花费成本的联系上。[⑥] Cochran (1993) 对绩效预算进行定义，指出它是一项控制预算支出和利润分享的预算制度。[⑦] 瑞典的决策部门认为绩效预算管理是以实现预算任务的成效和效率为目的的

---

① David Otley. Performance Management: A Framework for Management Control Systems Research. Management Accounting Research, 1990 (10): 363 - 382.

② ［美］A. 普雷姆詹德．公共支出管理［M］．王卫星，等，译，北京：中国金融出版社，1995：192 - 193.

③ Dubnick MJ. Accountability and the Promise of Performance: In Search of the Mechanisms. Public Performance & Management Review, 2005, 28 (03).

④ 亚洲开发银行．政府支出管理［M］．北京：人民出版社，2001：387.

⑤ General Accounting Office. Performance Bucketing［R］. 1993.

⑥ World Bank. Public Expenditure Management Handbook. Washington. D. C. : The World Bank. 1998: 12 - 15.

⑦ Cothan, D. Entrepreneurial Budgeting: An Emerging Reform?［J］Public Administration Review, 1993 (53): 445 - 454.

管理方式，而不是单纯的措施或方法，其中成效和效率是指要做合理的事以及高效地做事。[①] Melkers 和 Willoughby（1998）将绩效预算解释为对政府机构的使命和目标进行战略性规划。[②] 虽然国外学者关于绩效预算含义的表述不一致，但他们普遍认可的是绩效预算是一种以结果为导向的预算，各个部门在对其预算资金运用有较大自主权的前提下，利用可量化数据，对目标完成情况进行衡量和分析，对预算完成的情况进行绩效评价。

#### 1.2.1.3 绩效预算的国际经验比较和借鉴

（1）绩效预算制度的建立。

Schick（1996）提出，20 世纪 60 年代，导致美国财政困难的主要原因是美国政府对支出机构的控制过于严格。同时指出，赋予管理者自由的财政资金支配权利需要建立在可靠的控制制度的基础之上。如果将先后的顺序颠倒会放松管理者对财政资金支配的控制。[③] Lynch（1997）认为对所进行的支出活动的结果进行绩效衡量和测定，是提高公共产品产出和公共服务效率的有效途径。[④] Joyce（2004）在《联结政府预算和绩效》中介绍了绩效预算的制度框架，并指出在此基础上如何将绩效信息与预算决策结合起来。他认为绩效预算的制度框架是绩效信息与预算决策结合的前提条件。[⑤]

（2）绩效评价的研究。

20 世纪 60 年代，西方国家开始对财政支出进行绩效评价。早期只是针对项目支出，随时间的推移，各国对财政资金评价的重视程度增多，Khan（1997）在书中总结了 Allen 和 Bruere 的观点，其中，Allen 认为政府仅有提供公共服务的意图是不够的，要通过监督和测评来衡量政府提供公共服务的效率。他建议将效率作为衡量公共服务质量的重要指标来增强公共服务的可持续价值；Jonathan 也将效率置于公共服务当中，他认为社会福利的持续性

---

① 我国推行财政支出绩效考评研究课题组. 我国推行财政支出绩效考评研究［J］. 经济研究参考. 2006（29）：3－36.

② Melkers J，Willoughby K. The State of the States：Performance－Based Budgeting Requirements in 47 out of 50［J］. Public Administration Review，1998，58（01）：66－73.

③［美］艾伦·希克. 联邦预算：政治、政策、过程（第 3 版）［M］. 苟燕楠译，喻楠校，北京：中国财政经济出版社，2011.

④［美］托马斯·D. 林奇. 美国公共预算［M］. 北京：中国财政经济出版社，2002：44－46.

⑤［美］菲利普·G. 乔伊斯. 基于绩效的预算［A］. 北京：公共预算经典——面向绩效的新发展［C］. 上海：上海财经大学出版社，2014.

与政府的效率息息相关。[①] 关于绩效评价的研究，Schick 认为绩效评价是绩效预算管理的基础环节，他在 20 世纪 70 年代就开始对项目预算中绩效的测量与评价展开研究。[②] Behn（2003）将绩效评价的目的总结为控制和激励政府行为以达到绩效标准。但是由于绩效评价的复杂性，对于绩效评价结论的科学合理性研究，仍然是绩效预算需要解决的核心问题。虽然，各国不断地设计更易操作的绩效考评指标，但在建立绩效考评基础框架的道路上，仍然需要逐步地改进和完善。[③] Carl（2003）认为应该从多角度对绩效评价进行衡量，包括顾客角度、财务角度、人力资源角度、内部经营过程角度、技术和革新角度、合作角度和政策角度。[④]

在美国、英国、澳大利亚等绩效管理水平较高的国家，其绩效预算管理一般包括联邦（Federal）、州（State）和地方（Local）三个层面。很多国外的实践经验表明，绩效考评在地方层面有较高的应用性。Jordan 和 Hackbart（1998）对全美 34 个州的绩效评价结果的应用进行调查，发现其中 29 个州反映预算受到绩效评价的影响，但是，影响效果很小。1999 年，Poister 和 Streib 对地方层面的绩效评价结果的应用进行调查，结论是地方层面的绩效预算实践更加的广泛和深入，尤其是在预算分配、成本削减、决策质量等方面，绩效考评的影响都有积极效果。

（3）绩效信息应用范围的研究。

西方国家正在逐步形成一种共识，即作为绩效预算管理的重心，绩效信息应涵盖在各个方面，并贯穿在预算决策、执行、监督、反馈等各个环节。[⑤] 西方国家将绩效信息作为管理政府是否全面履行受托责任的工具之一，并通过绩效信息来衡量财政支出项目的优先次序，为财政资金的合理分配提供依据。Lauth（2004）提出，绩效预算将绩效信息引入到资源分配

---

① Kahn Jonathan. Budgeting Democracy：State Building and Citizenship in American 1890 – 1928［J］. Ithaca. NY：Cornell University Press. 1997：65 – 66.

② Schick. A The Road to PBB：The Stages of Budget Reform［J］. Public Administration Review，1966，26：243 – 258.

③ Behn，Robert. Why Measure Performance？ Different Purposes Re – quire Different Measures. Public Administration Review，2003，63（05）：586 – 604.

④ Carl G. Thor. How to Find，Select and Display Performance Measures in Government. Cost Management，2003，17（03）：31 – 38.

⑤ 刘寒波. 结果导向的绩效预算［M］. 长沙：湖南人民出版社，2015：162.

决策中。[①] 虽然，绩效信息被政府管理者使用，但如何使用绩效信息将绩效评价融入预算的过程中，仍是一个关键的问题和难题。在实践中，OECD 国家也重视绩效信息的质量，因此他们建立良好的政府会计核算体系。在政府财务报告中，很多国家直接引入权责发生制，如澳大利亚、新西兰、英国等；一些国家通过改良或修正后采用权责发生制，如美国、法国、加拿大等。将权责发生制应用到预算管理上，其核算体系更能明确合理地编制政府财务报告，有助于绩效信息清晰、完整、有效的公开，这也是实现预算问责的前提条件。[②] 在绩效信息的应用方面，实施绩效信息共享战略是绩效预算的关键步骤。近年来，OECD 国家通过绩效信息的整合积极推进绩效预算管理改革，通过电子政务来整合大量的绩效信息。OECD 国家重视打造信息共享平台增强数据对比分析性，通过开发先进的财政信息管理软件系统，来保证绩效信息来源的准确性。2009 年，英国研发出“在线信息整合系统”（COINS），提高了对原始财务数据的可比性和利用率，它通过整合和分析各地公共部门的原始财务数据，以时间为序列发布在系统中。管理者可以通过系统随时调用信息供决策参考，而通过采用网络化的方式也减轻了公众获取绩效信息的成本。[③] 在美国，政府采取一种项目评估分级工具——PART（Program Assessment Rating Tool），将绩效信息明确导入预算决策过程，是布什“总统管理计划”（President's Management Agenda）中的一个重要部分。在绩效信息的使用上，各国的初衷都是帮助政府做出决策，但预算改革的实践角度来看，OECD 各国的绩效信息对财政资金的分配影响并没有达到预期的效果。[④] Lauth（1985）[⑤]、Heinrich（2002）[⑥] 提出“拥有绩效信息”和“使用绩效信息来制

---

① Lauth，T. P. Budget Reform in the United States and the State of Georgia［M］. Shih Hsin University Press，2004.

② 卓越，徐国冲．2005—2011：西方政府绩效预算最新趋势［J］．新视野，2012（03）：70－74.

③ 任晓辉．预算绩效信息应用的经验借鉴与模式选择［J］．财政监督，2014（11）：41－45.

④ 牛美丽．中国地方绩效预算改革十年回顾：成就与挑战［J］．武汉大学学报，2012（65）：85－91.

⑤ Lauth，T. P. Performance Evaluation in the Georgia Budgetary Process. Public Budgeting & Finance，1985（01）：67－82.

⑥ Heinrich，C. Outcomes－Based Performance Management in the Public Sector：Implications for Government Accountability and Effectiveness［M］. Public Administration Review，2002：712－725.

定决策”这两个概念并不相同，如美国最终由国会批准的预算分配方案不可能仅仅由 PART 分值衡量的项目绩效来决定。[①] Frisco、Stalebrink（2008）对近 7000 名国会委员会成员是否将绩效评价信息应用到预算审议过程中，其结论是绩效评价信息很少用于决定预算的立法。[②] Moynihan（2008）提出，国会由于可能会被削弱其预算分配主动权，而不愿意支持在预算决策过程中应用绩效信息。[③] 这也意味着使用绩效预算信息仅仅可以辅助预算分配决策，因为预算分配决策绝不能缺少政治上的考虑。

（4）国外绩效预算管理方式的研究。

OECD 国家实施绩效预算改革已经是一个普遍的趋势，基于各国不同的实际情况，其绩效预算管理方式也不相同。

美国绩效预算的管理方式是结合各项法案，建立绩效预算管理的基本方式，如 1993 年颁布的 GPRA（Government Performance Results Acts），它形成了基础的政府绩效管理制度。同时，通过预算管理局（OMB）对各部门的计划及绩效目标进行审核，使用项目评估评级工具对政府预算支出项目进行绩效评估，以此建立与绩效预算相适应的财务管理系统。[④] 而奥巴马执政时期，美国创设了白宫绩效，通过机构设立优先排序的绩效目标以及将政府行为效果从项目评价中分离出来，实现协调项目产出的跨机构协作问题，从而增强项目绩效评价水平。[⑤]

德国将绩效预算分为六个核心部分，并通过对这六个方面的完善，逐步改善政府管理的效率和有效性、提高透明度和责任归属、促进政府内部和外部的预算参与者之间更有效地沟通等。这六个核心部分包括：中期框架与目标、政府项目的组织方案与指标的设置、以监测、评估、绩效衡量为元素构建政府绩效信息收集体系、激励机制和绩效信息的整合、绩效审计和提高财

---

① 宋健敏，丁元．绩效评估对政府预算决策的作用与局限：对布什政府项目评级工具（PART）的实证分析［J］．中国行政管理，2010（09）：108－112.

② Frisco, V. & Stalebrink, O. J. Congressional Use of the Program Assessment Rating Tool［J］. Public Budgeting and Finance. 2008（28）：1－19.

③ D. L. Moynihan. The Dynamics of Performance Management：Constructing Information and Reform.［M］. Washington, D. C.：Georgetown University Press, 2008.

④ 吕昕阳．典型发达国家绩效预算改革研究［M］．北京：中国社会科学出版社，2011：46－96.

⑤ 任晓辉．美国联邦政府的绩效预算改革历程及启示［J］．财政监督，2012（13）：27－32.

政透明度以及绩效预算元素的构成。[①] 2001 年，法国总统颁布了新《财政法组织法》（LOLF），预算的基本框架发生变革。新《财政法组织法》提出引入绩效预算机制，确立国家预算新结构，创立任务—项目—行动三层级的新公共预算框架。在这种框架下，项目负责人拥有较大的资金自主权及资源分配权，但必须对既定的绩效目标负责，不仅项目负责人的工作成果将被纳入绩效考核体系，资金和资源的实际分配情况也将在预算执行后详细列明[②]。

1998 年，英国开始推行绩效预算改革。英国采取的方式不同于其他国家，它不是在法律框架下逐步推行的，而是在政府主导下循序渐进。在制定绩效指标体系的过程中，绩效目标、评价指标和标准的制定采取以部门为主，预算管理机构辅助指导，征求专家、民众和其他绩效管理者参与的形式；在预算执行过程中，英国政府也赋予各部门和机构较大的灵活性和自主性。[③] 每个国家绩效预算管理方式虽不同，却各有特点。

综上所述，西方国家更重视预测性的评估，并强调绩效与责任评估相结合，从而逐步推进绩效预算的改革。

（5）国外地方政府引入第三方参与绩效评价的模式。

1973 年，Theodore Levitt 提出关于“第三部门”（The Third Sector）的概念。他认为社会组织的分类并不只是包括公共组织和私人组织，在政府和私人企业之间存在大量的组织从事着政府与私人企业不愿意做或做不了、做不好的事情，这类组织被称为第三部门或第三方。[④] 从其性质界定看，国外“第三方”外延较为宽泛。约翰·霍普金斯大学的研究认为，第三部门具有民间性、非营利性、组织性和自治性。[⑤] 在西方国家的政府绩效评价中，作为对政府内部评估的补充，第三方评价机构是重要组成部门。由于各国体制不同、政治环境不同，其主要第三方评价模式也呈多样性。一般来说，分为非政府组织（NGO）、非营利组织（NPO）、中介组织以及独立于行政机关以外的官方组织。这四种类型涵盖的范围包括自愿的民间组织、不以营利为目

---

① C. Lorenz. The impact of performance budgeting on public spending in Germany's Lander ［M］. Gabler Verlag. 2012：55－73.

② 黄严. 新 LOLF 框架下的法国绩效预算改革［J］. 公共行政评论，2011（04）：101－128.

③ 吕昕阳. 英国绩效预算改革研究［J］. 经济研究导刊，2011（22）：24－26.

④ 汪玉凯. 公共管理与非政府公共组织［M］. 北京：中共中央党校出版社，2003.

⑤ 王绍光. 多元与统一第三部门国际比较研究［M］. 杭州：浙江人民出版社，1999：19.

的合作组织、政府委托的社会组织以及独立的审计机关、司法机关等。典型的例子包括美国坎贝尔研究所、美国国家审计署等第三方组织。①

（6）国外绩效预算面临的困境。

OECD 国家在绩效预算改革的实践过程中，积攒了丰富的经验，被很多国家借鉴与采用。近年来，通过各国的不断努力，绩效预算发展呈现出新的趋势。但在进一步优化绩效预算管理的改革中，一些国家仍面临着法律、观念、技术等层面上的制度难题。② 在绩效目标的设立中，如何把模糊的、定性的、难以量化的政府目标用量化的指标来表示也是当前绩效预算面临的难题之一。在绩效预算的实施上，由于各国的基本国情不同，即使取得了一些成功，但与预期的目标仍存在一定的差距。

### 1.2.2 国内研究综述

#### 1.2.2.1 相关概念的阐述

20 世纪 90 年代以来，随着市场经济体制改革的不断深入和公共财政管理体制建设的稳步推进，我国逐步开始对绩效导向的预算理论及实践进行研究。陈穗红（2003）对国外绩效预算的实践经验进行研究，引入绩效预算的概念，并提出关于我国开展绩效导向预算的政策建议。③

楼继伟（2004）提出绩效预算是在一定的支出目标下赋予部门在预算资金使用上更大的灵活性，即在预算总规模内，自主确定资金的具体用途，是一种注重产出的管理方式。④ 贾康、白景明（2005）在研究中指出，绩效预算是一种包含预算理念和预算过程变化的预算模式。它突破了传统预算管理中单纯以分配资金为主的预算方式，将政府目标与预算资金的配置联系起来，以绩效目标为依据编制预算。⑤ 蓝志勇等（2008）借鉴私人部门的管理方式，

---

① 李春，王千. 政府购买养老服务过程中的第三方评估制度探讨［J］. 中国行政管理，2014：12.

② 白晓荣. 绩效导向预算改革研究述评［J］. 中国信息管理化，2015（05）：7－10.

③ 陈穗红. 以产出和结果为导向的绩效预算管理改革国际经验与我国预算管理改革［A］. 财政形势与政策研究［C］. 北京：中国财政经济出版社，2003：74－91.

④ 楼继伟. 建立绩效预算体系夯实基础［N］. 中国财经报，2004－06－30.

⑤ 贾康，白景明. 绩效预算与政府绩效评价的要点［R］. 财政部科研所研究报告，2005（07）.

将其中的先进理念和技术纳入预算管理当中，拓展绩效预算的应用范围。[①] 白景明（2009）提出在理论设计层面，绩效预算是指以绩效管理为核心对政府资金使用和效益实施全程管理。这种方式将扭转各国普遍存在的一种以官员意志为导向、资金偏离需求且浪费的局面。[②] 杨雅琴、刘美岑（2013）提出与传统预算相比，绩效预算能够有效地降低政府公共产品和公共服务的提供成本，提高财政支出的效率。[③] 总体上，我国的预算绩效管理模式不是简单的抄袭国外的模式，而是依照我国具体国情，但是在具体技术和操作上引入国外的成熟做法，它是保障预算绩效目标实现、评估财政资金的使用和分配是否合理有效、引导预算绩效规范执行并为管理者提供决策参考的预算管理方式。预算绩效管理既非绩效预算也非一般的预算改革，它是一种追求政府行政效率的预算管理。

#### 1.2.2.2 国外绩效预算改革经验的借鉴

不同于西方国家的情况，在预算绩效管理改革的道路上，我国是在摸索中前行。国内许多学者通过对国外绩效预算管理理论和实践的研究，充分学习和借鉴国外经验。财政部财政科研所课题组（2004）对美国绩效预算的评价制度体系进行详细的研究。[④] 张志超（2006）对美国的绩效预算经验进行分析，从法律依据、预算制度、执行模式、管理模式等方面对我国的预算管理提出建议。[⑤] 牛美丽、马骏（2006）通过对新西兰绩效预算改革实践的研究，分析其绩效预算的改革背景、改革进程和主要措施，认为新西兰的绩效预算改革比较成功。同时，提出在新西兰绩效预算改革过程中的政治支持、预算管理基础、技术基础三个方面是值得我国的绩效预算改革借鉴。[⑥] 于爱晶（2006）通过对比英国、新西兰、美国等国家的绩效预算模式，得出绩效目标管理实施的普遍性，同时指出在预算管理中，缺乏有效的绩效监督，将

---

① 蓝志勇，胡税根．中国政府绩效评估：理论与实践［J］．2008（03）：106－115.

② 白景明．全面认识绩效预算［J］．中国财政，2009（24）：25－27.

③ 杨雅琴，刘美岑．绩效预算的国际借鉴及改革路径［J］．地方财政研究，2013（06）：34－39.

④ 财政部财政科学研究所《绩效预算》课题组．美国政府绩效评价体系［M］．北京：经济管理出版社，2004.

⑤ 张志超．美国政府绩效预算的理论与实践［M］．北京：中国财政经济出版社，2006.

⑥ 牛美丽，马骏．新西兰的预算改革［J］．武汉大学学报（哲学社会科学版），2006（06）：802－810.

无法掌握预算执行的效益性和合理性，并从法律建设、预算管理、推进形势及实行期限四个方面对我国预算管理提出建议。[①] 杨海林（2009）对英国绩效管理制度及运作方式进行总结，并对英国绩效管理实施效果与面临的困境进行分析。[②] 李杰刚、徐卫（2011）通过对加拿大联邦政府和地方政府不同的绩效预算管理模式，得出联邦政府和地方的分级体制要求在绩效预算管理模式方面既要遵循一般的原则和要求，也要有不同的具体管理方式和工作流程。[③] 吕昕阳（2011）对典型发达国家的绩效预算进行系统研究后归纳出有效实施绩效预算管理的前提条件，主要包括政府的有力支持、法律的全面保障、绩效预算制度的有效设立以及控制模式的有效建立等方面，为进一步完善我国绩效预算管理工作作出了启示。[④] 陈志斌（2012）总结了澳大利亚绩效预算改革中绩效目标、部门预算管理权责、预算监督和信息公开方面的经验，对我国实施改革的方式提出借鉴。[⑤] 财政部国际司（2013）从意大利绩效预算改革经验得出对我国预算绩效管理的启示。[⑥] 郭智（2013）对韩国在几年内快速实现传统预算向绩效预算的跃迁进行，提出韩国的改革方式与英国、美国、澳大利亚等国不同，属于典型的“大爆炸”式，其形成原因是韩国通过充分借鉴国际经验，建立工作小组，引导公众有序参与，克服一系列阻力和障碍，坚定不移地推进改革。[⑦] 从其他国家绩效预算改革的经验来看，在预算支出的控制、财政资金的使用效率、政府管理绩效等方面取得了明显的效果。因此，合理地借鉴国外绩效预算改革经验，有利于我国预算绩效管理科学、全面的发展。

#### 1.2.2.3 实行地方预算绩效管理的可行性和必要性的探讨

国内学者从不同的角度、不同的层面对国外政府绩效预算的改革进行详细分析，他们也试图借鉴先进的理论和实践经验结合我国预算管理发展情况，

---

① 于爱晶．财政支出绩效管理的国际比较及启示［J］．财政研究，2006（06）：80－82.

② 杨海林．英国财政绩效管理［J］．中国财政，2009（10）：69－70.

③ 李杰刚，徐卫．加拿大分级绩效预算管理模式及启示［J］．中国财经信息资料，2011（04）：37－46.

④ 吕昕阳．典型发达国家绩效预算改革研究［M］．北京：中国社会科学出版社，2011.

⑤ 陈志斌．澳大利亚政府绩效预算管理及借鉴［J］．中国财政，2012（09）：71－73.

⑥ 财政部国际司．意大利绩效预算改革对我国预算绩效管理工作的启示［J］．经济研究参考，2013（18）：34

⑦ 郭智．韩国推进绩效预算改革的经验做法［J］．中国财政，2013（15）：70－71.

对我国地方实行预算绩效管理的必要性和可行性进行讨论。张维平（2005）分析了我国推行绩效预算的必要性及可行性，并提出推动我国预算绩效管理实施的设想。[①] 蔡红英（2007）对我国实施绩效预算改革的难点进行分析，并提出我国实施绩效预算改革的原则为"积极试点、分步实施、逐步推进"。[②] 马国贤（2007）分析了绩效指标难题产生的原因，在此基础上提出下一步我国绩效预算指标建设的方向。[③] 李燕、王宇龙（2005）提出要综合考虑我国独特的政治、行政及财政体制，在借鉴西方国家经验时，全面考虑我国绩效预算施行的特殊要求。[④] 马蔡琛、童晓晴（2005）认为绩效预算作为现代政府公共治理的一种全新理念，其基本含义在于将绩效考评结果与具体的预算资金额度衔接起来，包括预算信息贯穿预算全程、对项目进行绩效评估及以对最终产出的效率评价的做法。[⑤] 祝小宁、华燕玲（2006）指出由于我国的特殊国情，实施绩效预算将面临传统文化的束缚、立法保障的缺失、行政管理水平的低下、公开透明度的缺乏等方面的现实阻碍。[⑥] 潘修中（2008）基于委托代理理论的分析，指出构建具有中国特色的预算绩效管理体系需要建立相应的管理体系。[⑦] 马蔡琛（2008）提出鼓励地方预算管理制度的不断创新，构建协同政府转型的共同治理结构。[⑧] 邓毅（2011）认为地方层面的公共支出与公民需求的联系更为具体，在公众满意度的判断上更为准确，符合绩效管理的发展方向，因而应该作为我国预算绩效管理改革的下一个突破口和着力点。[⑨] 牛美丽（2012）分析了我国实施绩效预算的难点，并对本阶段预算绩效管理改革的实践经验进行总结，提出试点地区的预算绩

---

① 张维平．对中国实行绩效预算管理的思考［J］．当代财经，2005（02）：57－59.

② 蔡红英．政府绩效评估与绩效预算［J］．中南财经政法大学学报，2007（02）：48－51.

③ 马国贤．我国绩效预算指标体系建设研究［J］．财政监督，2007（12）：17－20.

④ 李燕，王宇龙．论绩效预算在我国实施的制度约束［J］．中央财经大学学报，2005（06）：11－14.

⑤ 马蔡琛，童晓晴．我国公共预算绩效管理的政策选择与制度框架［J］．广东技术师范学院学报，2005（03）：5－9.

⑥ 祝小宁，华燕玲．论绩效预算在我国实施的现实阻碍［J］．电子科技大学学报（社科版），2006（06）：44－46.

⑦ 潘修中．构建我国绩效预算管理体系的思考［J］．经济研究导刊，2008（08）：22－23.

⑧ 马蔡琛．中国公共预算管理改革的法治化进程及其路径演化［J］．复旦公共行政评论，2008（01）.

⑨ 邓毅．深化预算绩效管理改革的建议［J］．中国财政，2011（23）：50－51.

效管理改革尚未达到预期目标。① 匡小平、鲍啸鸣（2013）总结出地方预算绩效管理改革的动因是由于各地经济、社会、文化发展的公共支出需求与其财政可用财力不足之间的矛盾。②

王海涛（2014）对推行预算绩效管理改革的必要性和可行性进行讨论，对优化我国预算绩效管理水平的方式进行论述。③ 鲍啸鸣（2015）提出我国国情特殊，各地经济发展水平不一、财政体制各有不同，要深化预算绩效管理改革，必须考虑地方的特殊情况，发挥地方的积极性。如何深化地方预算绩效管理改革，实现资源配置的效益最大化和效率最优化，是我国面临的一项重大而艰巨的任务。④ 由于我国各地区情况差异较大，在实行预算绩效管理改革时，路径设计需要在保持整体上趋同的基础上，又能兼容各地区的特殊情况。

#### 1.2.2.4 构建我国地方预算绩效管理基本原则的研究

在构建地方预算绩效管理的基本原则上，徐绍刚（2004）认为政府绩效评价指标体系的设计原则分为全面性原则、客观性原则、可操作性原则、定量分析原则、动态性原则、分类指导原则六个原则。⑤ 茆英娥（2007）提出尽管不同国家的预算绩效评价指标存在差异，但是设定的原则并没有太大的差别，基本按投入的经济性、产出效率和影响有效性原则构建。⑥ 汪建华（2010）根据现有的政府绩效管理、公共项目绩效管理、项目论证与评估的理论研究和实践成果，制定了预算绩效评价体系的五项设计原则：经济指标与公益指标相结合原则；效益导向与体检自评相结合；总结过往与指导发展相结合；可测定性与可评价性相结合；个别性与整体性相结合。⑦ 刘明园（2012）将制定预算绩效指标体系原则分为全面性、客观性、可比性、公平

---

① 牛美丽. 中国地方绩效预算改革十年回顾：成就与挑战［J］. 武汉大学学报（哲学社会科学版），2012（06）.

② 匡小平，鲍啸鸣. 我国地方预算绩效管理分析与建议［J］. 现代经济探讨，2013（07）：63－67.

③ 王海涛. 推进我国预算绩效管理的思考与研究［M］. 北京：经济科学出版社，2014.

④ 鲍啸鸣. 我国地方预算绩效管理改革研究［D］. 江西财经大学，2015.

⑤ 徐绍刚. 建立健全政府绩效评价体系的构想［J］. 政治学研究，2004（03）：76－83.

⑥ 茆英娥. 地方政府一般预算绩效评价指标体系的构建［J］. 财经论丛，2007（05）：31－36.

⑦ 汪建华. 预算绩效评价指标体系构建［J］. 高教发展与评估，2010，26（06）：104－110.

公正、定性定量相结合、结果导向性。[①] 徐建中、夏杰、吕希琛等（2013）提出构建我国政府预算绩效评价体系框架应遵循具有经济性、效益性、有效性、公平性的“4E”原则。[②] 地方预算绩效管理的基本原则是学术界探讨相对薄弱的一个环节，展示的实施原则比重偏大，而执行起来很容易被敷衍。大部分的原则设计是通过规范性思考，反映出的实际操作问题并不充分，因此，地方预算绩效管理的基本原则应该基于实地的考察，因地制宜地进行专业性分析，才能对现行改革的不足进行指导性梳理。

#### 1.2.2.5 关于我国地方绩效评价的论述

与国外相比，我国绩效评价工作起步较晚，但是对绩效评价的内容与方法方面都有深入地探索，包括制定相关法律法规、构建绩效评价指标体系、进行项目支出评价、完善财政支出的总体评价等方面。财政预决算报告（2005）提出绩效评价是对绩效目标的实现程度以及预算执行结果的综合性评价。马国贤（2014）认为绩效评价的目的是验证“政府花的钱是否值得”，对公共支出效果进行客观评价。[③] 陈钰、宋卫国（2015）认为绩效评价为各层面行为主体提供了战略决策参考，其目的是衡量所评对象产生的效益情况。但是，目前我国绩效预算评价取得的成果离预期的目标尚有差距，还需要改革的进一步深化。[④]

在研究构建绩效评价体系方面，卢静（2005）认为我国绩效评价的对象包括综合绩效、部门绩效、单位绩效以及项目绩效。[⑤] 白文杰（2011）提出绩效评价是依据一些指标体系、借助一定的分析工具对财政支出的效果进行分析和评价的制度，其本质内容是对政府行为进行内部控制、保障政府实现工作目标、提高运行效率。[⑥] 马国贤（2014）认为绩效评价指标体系的构建十分重要，并指出科学合理的绩效评价指标体系能够有力地推进我国预算绩

---

① 刘明园．我国地方政府绩效预算管理问题与对策研究［D］．南京师范大学，2012.

② 徐建中，夏杰，吕希琛，等．基于“4E”原则的我国政府预算绩效评价框架构建［J］．社会科学辑刊，2013（03）.

③ 马国贤．论预算绩效评价与绩效指标［J］．地方财政研究，2014（03）：36－47.

④ 陈钰，宋卫国．中国创新绩效评价及启示——基于国际比较视角［J］．科技进步与对策，2015（02）：133－137.

⑤ 卢静．论财政支出绩效评价体系之构建［J］．现代财经，2005（05）：15－17.

⑥ 白文杰．财政支出绩效评价内涵解析［J］．地方财政研究，2011（01）：42－59.

效管理改革的进程。[①] 陈志斌、童谣（2015）将绩效评价指标构建分为四个方面：政府自身履行公共受托责任的能力、经济绩效、政治绩效、社会绩效，这样设计绩效评价指标体系是依据增长、公平、民主和稳定四个维度。[②] 赵学群（2010）从三个层面构建了绩效评价指标体系，首先是从规模、结构、项目及部门效益四个方面设立指标体系；其次是从财政支出的经济性、效率性、效果性来设立指标体系；最后是从支出的全过程即投入、运作、产出、结果四个阶段来设立指标体系。[③]

在研究绩效评价方法方面，杨京星（2004）认为各类项目间存有差异性，要根据具体的特点从成本—效益分析法、因素分析法、综合指数法、最低成本法等绩效评价方法中选择一种或多种进行综合评价。[④] 吕炜、王伟同（2007）认为常用的评价方法主要有主成本分析法、模糊综合评价法和层次分析法。其中，主成本分析法比较客观，能够简化观测变量中的数据信息。[⑤] 陈晶璞（2011）对是否能够将数据包络分析法应用到绩效评价进行分析。[⑥] 乔久华、鲁春艳等（2014）对绩效评价方法做出综合分析，指出当前成本—效益分析法、综合分析法、目标评价法等传统的评价方法已成为我国政府部门常用的评价方法，而平衡计分卡法、层次分析法、因子分析法等方法在理论分析上也逐渐被应用。[⑦] 在绩效评价的方式上，一直以来，我国采取的是"上级对下级评价为主，自评为辅"方式，这种内部评价兼任着"运动员"和"裁判员"的双重角色，其评价结果缺乏客观性和真实性。为弥补内部评价的局限和不足，从根本上克服双重角色的矛盾，借鉴国外绩效评价的经验，我国学者开始关注并研究引入第三方评价的方式，母天学（2001）以坎贝尔

---

① 马国贤．论预算绩效评价与绩效指标［J］．地方财政研究，2014（03）：36－47.

② 陈志斌，童谣．政府会计信息对政府绩效评价的影响机理研究［J］．商业会计，2015（03）：6－10

③ 赵学群．绩效评价与绩效预算研究述评［J］．财政研究，2010（09）：77－79.

④ 杨京星．财政支出绩效评价体系的构建［J］．财会月刊，2004（12）：34－35.

⑤ 吕炜，王伟同．中国公共教育支出绩效：指标体系构建与经验研究［J］．世界经济，2007（12）：54－63.

⑥ 陈晶璞．基本公共服务财政支出绩效评价体系研究［N］．燕山大学学报，2011（09）：110－113.

⑦ 乔久华，鲁春艳，宋恬静，等．财政支出绩效评价方法研究［J］．江苏商论，2014（01）：56－59.

研究所为例，介绍了国外典型第三方评价的实践。[①] 2005 年，兰州大学中国地方政府绩效评价中心课题组提出第三方政府绩效评价活动，也被外界称作“兰州试验”，将地方政府绩效评价中引入外部评价，在经济指标评价的基础上，加入了执政能力、服务质量等综合性指标评价。2012 年，财政部印发的《预算绩效管理工作规划（2012—2015 年）》提出我国的绩效评价主体较为单一，欠缺第三方评价，绩效评价的公信力和权威性有待提高的问题。程艳（2013）通过总结广东省韶关市开展财政支出项目委托第三方评价工作的主要做法，分析了在开展财政支出项目委托第三方评价过程中发现的存在问题及产生原因。[②] 陈莉（2013）结合我国国情，从人大、上级财政单位、社会公众、第三方机构等角度，探讨了科学、合理、有效地进行财政支出绩效评价的工作方法。[③] 近年来，我国各地引入第三方评价的财政支出绩效评价范围、体系、工作流程都在逐步完善。卢扬帆、卞潇、颜海娜（2015）认为由于财政支出绩效的复杂性，各地财政信息公开程度不高，财政部门间评价存在“角色冲突”等原因，第三方评价存在法律规制尚不完善、独立性难以保证以及监督机制不健全等问题，并指出从目前形势考虑，建立由人大主导、财政部门和主管部门协同、第三方机构参与的绩效评价模式具有较强的理论优势和实践可行性。[④]

从实践经验来看，大多数地方政府在引入第三方评价的工作上开展了有益探索，初步建立起具有一定经验价值和参考作用的工作机制。省级层面中，典型的省份是广东省。在绩效评价方式上，通过竞争性招投标的方式选取符合资质要求的包括专家和中介机构的第三方参与绩效评价；在绩效评价范围上，从部分省级财政专项资金的试点到全面性扩展；同时，为接受社会各界的监督，广东省逐步将第三方评价结果公开。[⑤] 近年来，各地通过引入第三

---

① 母天学．对美国政府绩效考评活动的考察［J］．行政论坛，2001：（05）：79－81.

② 程艳．浅议财政支出项目引入第三方评价的问题及对策［J］．会计师，2013（03）：23－24.

③ 陈莉．国外绩效评价方法对我国财政支出专项资金绩效的启迪［J］．企业研究，2013（18）：136－136.

④ 卢扬帆，卞潇，颜海娜．财政支出绩效第三方评价：现状、矛盾及方向［J］．华南理工大学学报：社会科学版，2015（01）：87－93.

⑤ 杜婷婷．财政支出绩效第三方评价研究——以广东为例［J］．财经界（学术版），2013（14）.

方评价丰富了政府的考核方式，同时也提高政府对民众诉求的关注度。各地为规范引入第三方评价组织机构纷纷出台规范性文件，印发财政支出绩效评价聘用第三方评价机构管理的暂行办法，通过量化第三方组织机构的工作质量和纪律的执行度，严格选聘评价机构。从实践经验可以看出，选择更具独立性、专业性和权威性的第三方组织，能够保证财政支出绩效评价结果的客观公平，因此，在绩效评价中引入第三方评价是可行的，也是必要的。不仅便于公众行使监督权，也能增加地方预算绩效管理的透明度，实现倒逼政府部门提高财政资金绩效的目的。

#### 1.2.2.6 我国地方预算绩效管理改革的实践探索

近年来，我国地方预算绩效管理改革在加强项目管理、抑制部门支出需求、提高资金分配率、加强预算监督、提高预算透明度等方面都得到了改善。首先，中央层面在政策上为地方开展绩效预算管理提供方向的指引，涵盖建立预算绩效评价体系、推行政府绩效管理和行政问责制度、完善政府绩效评估制度、改进预算管理制度等多个方面[①]；2015 年开始实施的新《预算法》，为强化预算约束、规范政府行为、实现有效监督提供了有力的法律保障。其次，在行政上，2011 年，在部际联席会议中，确定了绩效管理体系分为以监察部为主的政府绩效管理和以财政部为主的预算绩效管理。同一年，财政部在《关于推进预算绩效管理的指导意见》中，提出预算绩效管理应遵循的四个原则：统一领导、分级管理；积极试点，稳步推进；程序规范，重点突出；客观公正，公开透明。2012 年，财政部出台《预算绩效管理工作规划》，依据我国整体的规划，各地政府纷纷制定出推进本地区的预算绩效管理改革的相应办法，正式迈开了地方预算绩效管理改革的步伐。张雷宝（2007）对我国预算绩效管理的理念价值、财政价值和制度价值三种不同形态的管理价值进行分析，提出从理论到实践的预算绩效管理改革途径。[②] 邓毅（2008）提出地方层面的公共支出与公民需求的联系更为具体，在公众满意度的判断上更为准确，符合绩效管理的发展方向，因此应该着力推进地方预算绩效管理

---

① 中共十六届三中全会提出“建立预算绩效评价体系”；中共十七届二中全会提出“推行政府绩效管理和行政问责制度”；中共十七届五中全会提出“完善政府绩效评估制度”；中共十八届三中全会提出“改进预算管理制度”。

② 张雷宝．我国财政支出绩效管理面临的现实难题与实现路径［J］．当代财经，2007（12）．

改革。[①] 李毅等（2011）认为绩效理念尚未牢固树立、预算绩效计划的编制不够精细以及绩效指标体系建设不完善等问题是我国预算绩效管理改革的难点。[②]

从预算绩效管理改革的情况来看，地方政府试点虽然取得一定的成果，但是离真正的预算绩效管理有很大的差距的。随着改革的深入，现有预算绩效管理中不断暴露出新的问题。由于经验不足，缺乏科学的理论支撑，改革过程中无法真正做到客观、公正，这导致绩效评价缺乏真实性和可信度。王金秀（2012）认为规范缺乏法律支撑，绩效目标管理过于简单粗略，实施过程监管不力，绩效评价客观性不足是我国政府预算绩效管理存在的主要问题。匡小平、鲍啸鸣（2013）提出部分绩效目标难以量化、缺乏绩效观念、绩效信息的不对称、绩效评价结果运用手段单一、改革缺乏足够的人力资源保障是改革地方预算绩效管理中面临的5大难题。[③] 为进一步深化我国地方绩效预算改革，需要在选择适当的政策工具推动下，将制度保障、政治推动和技术支撑有机整合。[④] 江中亮（2013）认为将绩效跟踪和事中绩效评价分别与预算执行动态监控过程相融合，能够促进地方政府预算绩效管理的实现。[⑤]

尽管我国地方预算绩效管理起步较晚，但各地针对预算绩效管理改革的研究角度呈现出多样性。陈宏彩、高抗（2010）从温州个案的实践经验中分析得出，群众参与评价过程时存在制度上的问题，并对解决这一困境提出可行的路径选择。[⑥] 张海燕（2011）以上海市闵行区为例，回顾了闵行区预算管理改革的历程，分析当地预算绩效管理所取得的成效，同时建议从公众参与、第三方评估、绩效审计三个方面提高预算绩效管理水平。[⑦] 李毅、白志

---

① 邓毅．绩效预算制度研究［D］．华中科技大学，2008.

② 李毅，白志平，智荣卿．全过程预算绩效管理的理论与实践探索［J］．经济研究参考，2011（64）：69－73.

③ 匡小平，鲍啸鸣．我国地方预算绩效管理分析与建议［J］．现代经济探讨，2013（07）：63－67.

④ 景宏军．地方政府引入绩效预算的理性思考［J］．地方财政研究，2015（01）：55－65.

⑤ 江中亮．“融合”是预算绩效管理之根本［J］．地方财政研究，2013（06）：15－20.

⑥ 陈宏彩，高抗．群众评议政府绩效：制度困境及其超越——以温州市为个案［J］．行政事业资产与财务，2010（02）：23－27.

⑦ 张海燕．地方政府公共支出预算绩效管理改革实践探索——兼论上海市闵行区“以结果为导向”的预算管理改革［J］．青海社会科学，2011（05）：57－59.

平、智荣卿（2011）从预算支出绩效评价的角度对预算绩效管理改革试点省份之一——河北省的实践进程进行分析，对河北省的实践探索方式进行分析，并从绩效理念的强化、绩效指标体系的完善、绩效评价结果的应用等多个方面提出推进全过程预算绩效管理的难点。① 苗慧、刘凤朝、王元地（2013）对辽宁省财政科技投入规模效率较低的原因进行分析，得出投资决策是其中一个关键的影响因素。辽宁省政府为追求财政收入效益最大化，按照利益机制配置有限的财政资源，对增长效益明显的项目优先考虑，这样的决策观念约束了对科技投入的主观动力和规模。② 马蔡琛、冯振（2014）认为引入的第三方评价机构中的专家行为会受到利益的驱动，选择与公共支出部门合作而导致评价结果发生偏离。为规避专家行为的逆向选择，他们从健全专家信息库、提高绩效评价信息公开化程度、加大惩处力度、建立科学的激励机制等方面提出建议。③

从各地的实践探索经验来看，地方预算绩效管理改革具有迫切性和必要性。但是目前，很多地区实现全过程预算绩效管理的条件仍不够，推行改革的预算环境尚未调整到最佳的状态。对地方预算绩效管理运行效果的分析大多基于数据引用为主，而不是整体深入的计量分析，这很容易使得分析流于表面，缺少对相应规模数据的分析，其研究结果缺乏针对性。因此，基于各地情况具有差异性，采用案例研究并汇总分析，可以在全国范围内有效地研究各地预算绩效管理的方式和运行效果，既可以兼顾各地区的实际情况，也可以弥补整体数据缺失带来的分析困难。

#### 1.2.2.7 述评

从上述关于绩效预算的研究可见，国外学者对预算绩效管理问题的研究融合了西方经济学、财政学、管理学、社会学、政治学等学科，对绩效预算管理的认知更加客观、科学、全面。在不断创新、总结的过程中，为政府绩效管理奠定了坚实的基础。近些年，国内学者对国外绩效预算实践状况和成

---

① 李毅，白志平，智荣卿. 全过程预算绩效管理的理论与实践探索［J］. 经济研究参考，2011（64）：69－73.

② 苗慧，刘凤朝，王元地. 辽宁省财政科技投入效率评价研究［J］. 中国科技论坛，2013（03）：39－44.

③ 马蔡琛，冯振. 政府预算绩效评价中专家评价的行为经济学分析［J］. 经济纵横，2014（01）：81－86.

果进行细致的研究，但是由于我国的国情和其他国家不同，因此需要根据我国各地区的具体情况，引入国外的成熟做法，而不是直接引入国外的绩效预算模式。可以考虑学习国外成熟经验中的跨年度预算、权责发生制的会计基础、集权和分权的规范关系、第三方评价模式、激励机制等方面的典型做法，推进我国地方预算绩效管理改革。近几年来，为推进服务型政府建设的进程，各地在预算绩效管理过程中积极引入第三方评价。通过引入第三方评价，不断提高财政资金管理和使用的效益，增强相关责任主体的绩效意识，并使财政支出绩效评价工作逐步走向规范化、专业化和科学化。

虽然我国部分地区在引入第三方的基础上，建立相应的制度体系和评价机制，其评价范围也呈不断扩大的趋势。但是现阶段第三方评价存在着众多困难，包括系统的基础不足，独立性难以确保；以及法律保障疲软，监督机制不健全等问题的困扰。因而，需要将引入第三方评价变成法律上和程序上的硬性规定。从预算编制、执行、监督、结果应用等各个阶段，有效地按既定程序引入第三方机构进行绩效评价，需要借鉴国外的方式，探索适合各地情况的新方案，积极推动地方预算绩效管理工作的发展。

随着我国各地逐步推进预算绩效管理的改革，在强化绩效理念、制定规范的制度、加强绩效目标的科学、深入开展的绩效评价以及扩展绩效评价结果应用等方面都取得一定的成果，但是从地方预算绩效管理体系的完整性角度分析，体系中的各环节衔接并不够紧密，与全过程预算绩效管理的形成还存在着差距。本书将在已有研究基础上，以我国地方预算绩效管理改革为研究主题。探究推进我国地方预算绩效管理改革的环境分析以及存在的难点，进而从制度保障体系、改革框架设计、引入第三方评价的模式设计等方面提出改革的思路设计以及政策建议，最后提出完善的配套制度改革。

## 1.3 研究内容与研究方法

### 1.3.1 研究内容

在结构安排上，本书分为 6 章来进行研究：

第1章绪论，主要阐述本书的研究背景及意义，对国内外相关文献进行综述，并介绍本书的研究内容和方法以及创新点和不足。

第2章主要从理论分析入手，以委托代理理论、新公共管理理论、公共产品理论、公共选择理论等定性理论为基础，对本书中的相关概念进行界定。

第3章主要梳理我国地方预算绩效管理的实践探索经验以及进一步深化的难点。包括对推进地方预算绩效管理改革的环境缺陷分析，以及预算绩效管理体系中各环节衔接不紧密的深层次原因，并以此为起点，从进一步完善的角度展开研究。

第4章主要是对国外绩效预算改革的经验借鉴，通过分析美国、英国和韩国推行绩效预算管理的历程以及模式，对改革的特点和具体做法进行评价分析，从借鉴的角度，深化我国地方预算绩效管理的改革。

第5章是根据我国地方预算绩效管理的进展情况和典型国家绩效预算改革经验借鉴的基础上，提出推进我国地方预算绩效管理改革的思路设计。从总体目标、基本原则、实施改革的先行条件、拓展管理的范围和层次、健全绩效评价体系等方面对深化改革我国地方预算绩效管理进行思路设计，有助于理清下一步地方预算绩效管理改革的发展方向。

第6章主要按照全过程预算绩效管理的要求，从预算编制、预算执行和监督、绩效评价体系、绩效评价结果及运用四个层次进行研究，系统地构建地方预算绩效管理框架体系，从改革框架设计、引入第三方评价的模式设计、建立激励机制和问责机制等方面提出有针对性的政策建议，最后提出完善的配套制度改革。

### 1.3.2 研究方法

（1）文献研究法。

通过查阅整理与本书相关的文献资料，提取有用的相关研究成果加以借鉴，分类形成专题性的综述。进一步梳理我国地方预算绩效管理的发展历程和实践探索经验，找到研究问题的起点与方向。

（2）比较分析法。

主要分为纵向比较和横向比较。从纵向比较，主要结合我国地方预算绩效管理的实践过程，比较分析不同阶段的改革重点；从横向比较，主要总结美国、英国、韩国实施绩效预算的有益做法和良好经验，为我国地方预算绩效管理提供借鉴。

(3) 定性分析法。

主要依靠研究人员主观判断和分析能力，以推断出事物的性质和发展趋势，因此在运用该方法进行本论文研究时，要在阅读参考大量的有关书籍与材料、了解最前沿的理论研究动态的基础上，使整个研究站在理论较高层次，不做重复劳动，更不做无用功。

## 1.4 创新与不足

本书的创新之处主要体现在：

(1) 拓展地方预算绩效管理的内涵。从理论架构入手，对预算绩效管理的理论基础进行了初步探源与整体构建。本书在借鉴国外绩效预算理论的基础上，从历史视野和逻辑范畴为改革地方预算绩效管理实践搭建了一个大致的理论基础框架，强化对实践工作的指导与推动。

(2) 从引入第三方评价的视角，分析如何客观地评价地方财政活动取得的绩效，从而保证预算资金实现资源配置的效益最大化和效率最优化。同时设计出优化地方预算绩效管理中引入第三方的模式，提出具有普遍适用性的评价原则，并尝试提出第三方评价的规范性制度及方法设计，虽然这一评估规范框架尚不成熟完善，但其创新意义却是显见的。

(3) 为改革地方预算绩效管理提供可行的政策建议。在地方预算绩效管理制度、战略构想以及运行机制等方面提出改进措施，优化地方预算绩效管理框架。

本书的不足之处在于：

(1) 本书分析上更多是侧重于地方预算绩效管理的制度变迁研究，缺少系统的分析和具体数据支持。关于地方预算绩效管理的定性结论较多，定量分析欠缺，没有从建立经济模型的角度来支持相关结论，导致未能对整体的地方预算绩效管理做出完整的动态研究，有关内容还有待在实践中丰富和完善，以进一步拓展学术上的深度。

（2）由于我国各地政府的管理水平、发展水平并不相同，在实行预算绩效管理改革时，路径设计需要在保持整体趋同的基础上，又能兼容各地区的特殊情况，由于并没有固定模式可供遵循，增加了本书在这方面论述的难度。

（3）本书虽然尝试为地方政府预算绩效管理建立系统的第三方评价框架，但是由于目前第三方评价框架尚不成熟完善，还需要进一步的研究与探讨。

（4）由于作者本身的理论驾驭能力存在一定的差距，需要在研究过程中不断地改进和提高。

# 2

# 地方预算绩效管理的理论支点

# 2.1 地方预算绩效管理概述

## 2.1.1 地方预算绩效管理的内涵

预算绩效管理是在借鉴西方国家绩效预算理论和经验的基础上，通过总结我国自身的实践经验，将绩效的理念融入预算管理中，是一种以提高财政资金使用效益和公共支出效率、改进公共服务质量、改善政府效率为目的的预算管理模式。[①]

近年来，我国预算绩效管理工作在中央和地方相继开展。首先是中央层面将设计顶层的预算绩效管理制度作为工作的重点，从宏观层面上出台预算绩效管理的“指导意见”“工作规划”等文件，自上而下的规范预算绩效管理实施的内容和流程。其次是地方层面将预算绩效的理念融入地方预算绩效管理体系当中，从微观层面上积极配合实施相关方案。最后形成中央、地方协同推进的格局，进一步建立符合我国国情的预算绩效管理体制。

根据2011年财政部提出建立健全预算绩效管理机制，从预算编制、预算执行、预算监督、结果应用四个方面提出改进方式，是一个预算编制有目标、预算执行有监控、预算完成有评价、评价结果有反馈、反馈结果有应用的循环过程（见图2-1）。

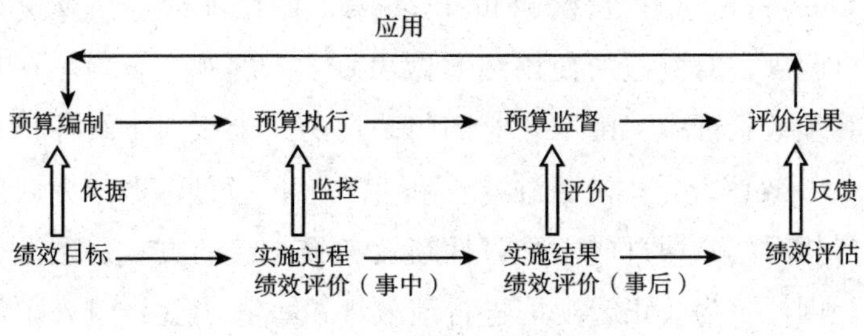


**图2-1 预算绩效管理过程**

① 财政部. 关于推进预算绩效管理的指导意见［R］. 2011.

（1）绩效目标管理。

绩效目标是开展预算绩效管理工作的中心，也是绩效活动遵循的导向。不仅关系到政府的年度政绩，同时也关系到财政资金的安排方向。对绩效目标的管理和重视是保证财政资金进行有效配置，实现资源最大限度发挥使用效益的基础保障。因此，绩效目标的设定要依据定量性和可测量性的原则，通过具体的、可考量的数值，按照职能的要求建立绩效目标指标体系。地方部门设定绩效目标时，不仅要根据中央的社会政策，还要考虑各部门的实际情况，以及本地区财力，经过反复测算和综合平衡才可以确定科学合理的绩效目标。

（2）绩效运行跟踪监控管理。

预算绩效管理过程中，绩效运行跟踪监控管理是其中的重要环节。通过建立绩效运行监控机制，在预算执行的全过程中，对照绩效目标进行跟踪、督促，定期采集信息并汇总分析。从绩效运行监控的方式看，管理者与组织和工作人员之间的沟通是一种非常重要的手段，可分为正式沟通和非正式沟通。正式沟通是指管理者针对监控绩效的需要制定出一个结构化的绩效反馈计划；非正式沟通是指通过管理者随时同工作人员相互交流绩效信息。这种沟通方式有利于及时诊断绩效运行情况，在绩效运行偏离预期目标的时候，采取予以纠正或暂停的措施，保证既定绩效目标的如期实现。

（3）绩效评价管理。

绩效评价是预算绩效管理的核心环节。地方政府和财政部门通过对部门的实际产出和产出效益与绩效目标进行对比，通过经济性（Economy）、效率性（Efficiency）、有效性（Effectiveness）的标准判定预算执行与绩效目标的吻合程度，对资金的使用绩效做出真实、客观、合理的评价。近年来，在预算绩效管理中，由于政府部门采用的“上级对下级评价为主，自评为辅”的绩效评价方式缺乏独立性和客观性，而且多数地方政府在实施绩效评价考核时，是通过成立临时性绩效考核小组的方式，在专业性方面稍显不足。因此，为公正客观地进行绩效评价，我国逐步引入了第三方评价，通过与评价对象无隶属关系或利益关系的第三方组织，对预算执行与绩效目标的吻合程度进行客观公正、独立、专业的评价，弥补体制内评价的局限和不足。

（4）绩效评价结果反馈与应用管理。

绩效评价结果反馈与应用环节是预算绩效管理中的重要支撑，能够有效避免预算绩效管理过程流于形式。将绩效评价结果反馈给被评价单位，有利于寻找绩效管理中存在的问题。通过对照绩效目标的完成程度和完成效果，将评价结果及时反馈到绩效管理的各个环节，有助于实现预算绩效管理的科学化。同时，将绩效评价结果作为下一个周期预算资源分配的重要依据，调整项目间的预算拨款方案，实现预算与绩效间的整合，实现提高财政资源配置的总体效率。

### 2.2.2　地方预算绩效管理与政府绩效管理

政府绩效（Government Performance）是在政府依法履行职责的基础上对其治理水平和运作效率评判的重要依据。它强调管理内部运行机制，以重视公共产品与公共服务的质量、社会公众的满意度评价为前提，通过有效的资源配置，追求产出与投入的最大化效率。借鉴于国外的公共管理思想，我国政府改革逐步深入，近年来，各级政府对绩效问题更加关注和重视。一般来讲，政府绩效可以从经济绩效、社会绩效、生态绩效、政治绩效、文化绩效五个方面进行分析，既涵盖政府“产出”的绩效，也涵盖政府“过程”的绩效，通过经济发展、提高居民生活水平、创新制度、环境保护、资源利用等方面的改善，对政府提供公共服务和进行社会管理活动过程中的行为质量及其运转效率进行衡量。

政府绩效管理源于20世纪80年代，它是从管理学中产生并逐渐发展的一种新型政府管理制度。早期目的在于减少政府支出的浪费现象，随着对传统公共管理制度的创新，为解决政府管理危机与财政危机等问题，政府改革更为深入地围绕政府绩效展开，逐步形成以公共产出的最大化和公共服务最优化为目标的新型行政管理模式，即将绩效管理理念和方法运用到政府行政决策、执行、评估和监督全过程中，通过提升政府绩效来改进政府能力、降低行政成本、有效提供公共服务现代政府绩效管理模式。

目前我国正处于向服务型政府转变的进程。随着改革的深入，地方政府积极推进政府职能的转变，突出社会管理和公共服务内容，同时规范政府行为，逐步改善地方政府过度依赖绩效合法性，而导致对经济的过度干预造成资源浪费、忽略民生问题等情况。目前，我国地方政府以满足社会和民众的需要为标准，在绩效体系中设定民生、社会保障、公平公正等公共领域指标，强化政府公共管理的责任意识，来引导和推进政府行政管理模式的转变。通过建立社会回应机制和公共责任机制来提高行政效率、服务质量和公众满意度，以提供高质量、高效率的公共服务和产品为原则，逐步扭转因注重城市建设导致民生和环境破坏的局面，充分发挥政府绩效管理的导向作用。

建设人民满意的服务型政府，社会公众的评价是衡量政府绩效好坏的最终标准。地方政府积极引入更多的公众参与方式，努力提高政府执行力。通过街头采访、网站、焦点座谈会等多种形式拓展公众参与评估的渠道。随着地方政府绩效管理的完善，公众满意度的评价占总体评价的比例提高，公众参与绩效评估的人数比例呈上升状态。在政府行为接受公众监督的过程中，为有效发挥政府绩效管理的作用，很多地方政府重视相关资源的整合，通过建立有效的绩效信息系统，将政府绩效管理与行政服务和审批部门、电子监察平台等系统进行有效整合和对接，实现资源共享，增加政府绩效预算的透明度。在绩效管理方面，我国各地采用不同的管理方式，在实践中取得一定的经验和成绩，为我国政府绩效管理的创新奠定了经验基础。但是整体推进我国地方政府绩效管理体系建设是一个长期而复杂的过程，因此，要不断完善预算绩效管理体系，提高政府管理能力与行政效率，更好地促进服务型政府建设。

### 2.2.3　关于预算绩效管理的几种关系解释

（1）预算绩效管理与政府绩效管理的关系。

预算绩效管理是政府绩效管理的重要组成部分，两者之间存在重要的联系。预算绩效管理以衡量政府支出效果为导向，监督政府履行职能以及衡量政府活动产生效果的保障。预算绩效管理服务于政府绩效管理，与政府施政方向是一致的。从比较研究法的视角出发，在产生背景、理论基础、核心目的、基础保障等方面两者存在着共同特征（见图2－2）。

但是由于二者的侧重点不同，两者之间存在一定的差异性。政府绩效管

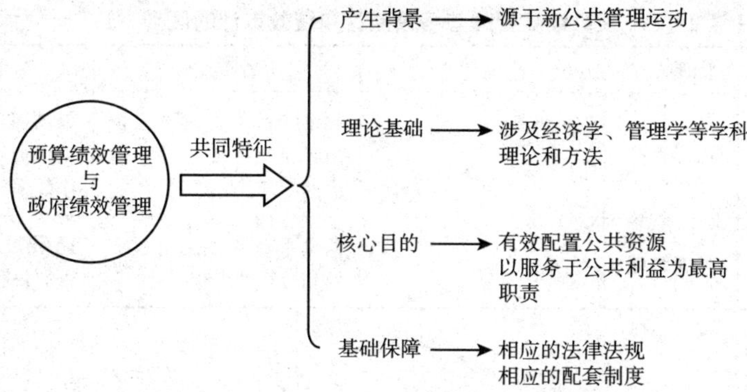


**图 2－2　预算绩效管理与政府绩效管理的共同特征**

理是政府组织及其管理活动，而预算绩效管理的研究对象是预算管理。一般来讲，预算绩效管理是以提高公共支出效率和财政资金使用效益为目的，强调财政投入和支出的关系，注重资源的合理配置及支出的责任；而在政府绩效管理中，预算资金的投入与产出是其中的一个方面，其评价重点主要是针对政府整体层面绩效，它比预算绩效管理更重视政府职能的履行结果。因此，要协同推进预算绩效管理与政府绩效管理两者的发展，把握好两者的优势及互动关系，才能发挥预算绩效管理对政府绩效管理的约束和促进作用，达到优势互补、整体发展的效果，也进一步推动预算绩效管理的改革。

（2）绩效预算与预算绩效管理的关系。

绩效预算源于西方国家，是以成本—效益分析为基础确定支出标准的预算形式，是有效编制预算的一种方法。与绩效预算不同，我国的预算绩效管理是在借鉴西方绩效预算的理论和实践经验的基础上，结合我国国情，以提高公共支出效率和财政资金使用效益为目的的全新预算管理模式。它改进绩效预算将重点只放在预算编制环节的方式，拓展应用范围，实现从以绩效为基础来分配预算资金过渡到此基础上关注绩效和绩效评价的目标。

（3）预算监督、绩效审计与预算绩效管理的关系。

作为加强预算管理、强化监督的重要手段，预算绩效管理、绩效监督以及绩效审计的目的都是提高政府绩效管理，对政府资金使用效益以及财政支出的经济性、效率性、效果性进行审计。但是，上述三者在管理方式、应用环节、着重点和作用四个方面存在不同（见表 2－1）。

表 2－1　预算绩效管理与绩效监督和绩效审计的区别

| | 管理方式 | 应用环节 | 着重点 | 作用 |
|---|---|---|---|---|
| 预算绩效管理 | 内部管理 | 贯穿预算全过程（事前、事中、事后） | 侧重于绩效；对资金使用经济性、效率性和效果性的评价 | 提高资金使用效益；提高政府工作效率 |
| 绩效监督绩效审计 | 外部管理 | 事后 | 侧重于对资金使用合法性和合规性审查 | 提供报告，侧重于监督和审计 |

### 2.2.4　参与地方预算绩效管理的多元主体

参与地方预算绩效管理的多元主体包括地方财政部门、预算主管部门和预算单位、第三方机构组织、地方人大以及社会各界。参与主体的多元化旨在约束地方政府的财政支出权利，使地方政府以社会公众利益为主，满足辖区内的公民对公共产品和服务的需求。地方预算绩效管理的参与主体具有多样性，通过地方财政部门的统一指导、预算主管部门和预算单位的具体实施、第三方机构的专业评价、地方人民代表大会的监督评审以及社会各界的广泛参与，共同构建地方预算绩效管理组织实施体系和监督制约机制。

（1）地方财政部门。

地方财政部门是各地推动预算绩效管理改革的关键，目前我国各地预算绩效管理工作大多由财政部门统筹，其他政府部门配合开展。主要承担预算资金的监管以及财政支出绩效评价等工作。地方财政部门参与预算绩效管理的优点在于：一是地方财政部门掌握着财政资金分配和使用的原始资料，充分拥有被评价对象的资金信息，节省数据和信息的统计时间，进一步提高了工作效率。二是地方财政部门可以利用行政层级的不同，在省、市、县分层级的布置评价，有组织有计划地开展绩效评价。三是凭借地方财政部门掌握预算和审批项目的“隐含威慑”，可对业务主管部门和被评单位产生有力约束，增加评价过程的可控性。但是，财政部门是地方政府的职能部门，它的监督属于内部监督，由于地方政府与财政部门之间存在行政隶属关系，财政部门行使权力的时候容易受到各个职能部门之间错综复杂的利益关系的影响，导致缺乏全面性和客观性，形成“软监督”的局面。

（2）预算主管部门和预算单位。

预算主管部门和预算单位作为财政资金的使用者，是预算绩效管理的重要参与主体和责任主体。但是在预算绩效管理过程中，我国一些地方的预算单位人员缺乏专业性，在绩效目标的设定，评价指标、绩效分析等方面受到技术和业务能力的限制。而且地方预算主管部门和预算单位在开展自我评价时，容易在利益驱动和自我认同的心理作用下，导致评价结果带有主观色彩，缺乏客观性和公信力。这种情况增加了地方预算绩效管理工作在改进时的难度。

（3）地方人民代表大会。

我国地方人民代表大会主要承担预算监督的管理职能。长期以来，各地人大行使监督权时只是针对程序是否规范，而忽略对实际效果的监督。随着预算绩效管理改革的推进，地方政府对人大的重视程度开始逐渐提高，一些地方政府在预算执行中开展财政支出绩效监督，其人大在这个过程中享有单项表决权；还有一些地方政府在对重点项目开展绩效评价时，开展人大听证会。虽然，近几年各地方人大在参与预算绩效管理的方式上进行了积极的探索，但是参与预算绩效管理的力度还不够，尚未真正完全融入地方预算绩效管理体系之中，要改变这一状况，必须深化地方人大的参与度，建立一套地方人大监督工作绩效评价机制，推进从原来的程序性监督迈向实质性监督，切实落实人大在预算绩效管理中的监督权。

（4）第三方机构。

第三方机构是指与政府部门无隶属关系和利益关系的组织或机构，我国地方绩效评价中引入的第三方机构主要为中介机构和专家。其中，中介机构一般是在接受政府委托的情况下，以“第三方”的角度，在政府赋予的权限范围内，对部门的预算编制和执行情况进行审计，主要由行业咨询、会计师事务所、资产评估事务所等机构以及相关专业领域的专家组成。在地方预算绩效管理中引入第三方评价机构的参与，理想的模式是充分发挥其独立性、专业性和权威性。一方面对地方政府绩效进行客观评价，在公众满意度、公信力和公开程度等诸多方面进行评估，为各部门提供政策建议；另一方面，它作为一种监督手段和治理模式，有效地促进各地执政能力的提升。各地加强对第三方评价的管理，有助于深化预算绩效管理的水平，使各项工作透明化，不断提高政府绩效水平，为建设透明、高效的服务型政府奠定基础。但目前地方实践中，存在专家与评价机构职能交叉的问题。在对地方预算编制和执行情况进行评价时，将专家与评估机构基本等同看待，专家在未经实地调研、数据采集分析的前提下，直接受委托对财政支出绩效进行评分，仅凭工作汇报和经验进行绩效判断难以保证地方预算绩效评价的科学性。

(5) 社会各界。

社会各界是指各地预算绩效管理的监督者，对其他监督主体起补充作用，包括新闻媒体、互联网平台和社会公众等。地方政府自觉接受社会各界的监督，帮助公众了解政府事务以及预算资金使用效率，以增强财政资金使用的公开性和透明度，促使地方提供高质量的公共产品和公共服务，进一步完善地方预算绩效管理工作。但是地方政府预算决策和支出安排及绩效评价等方面的工作具有专业性和复杂性，地方各界参与主体的专业能力水平以及认知程度不足以对他们进行监督。因此，社会各界行使监督权的时候，需要政府部门用尽量简单易懂的语言对预算资金的使用和绩效评价结果进行解释说明，使社会各界可以充分参与到预算绩效管理的过程中。

### 2.2.5 推进地方预算绩效管理改革的意义

(1) 推进地方预算绩效管理是建设高效服务型地方政府，完善政府绩效管理的最佳途径。

建设高效服务型地方政府是树立政府权威性的重要方式，因此要加快政府职能的转变，使其全面、正确地履行社会管理和公共服务职能，合理地将财政资金分配在社会事业和解决民生的问题上，提高管理效率，降低管理成本，提供优质、高效的公共服务。近年来，地方官员考核制度未能实现垂直考核与水平考核的有效结合，使得考核结果对于官员而言具有一定程度的“可替代性”，将地方政府的发展重点放在数量和速度上，而忽略发展的质量和效益，由此导致地方政府公共服务职能的弱化。因此，探索建立地方预算绩效管理制度，有利于各级政府树立和落实科学的发展观和政绩观，注重支出责任。这种“谁支出、谁负责”的预算绩效管理模式促进政府行为规范、运转协调、公正透明、廉洁政府的行政管理体制的形成。

（2）推进地方预算绩效管理是提高财政资金科学分配和有效使用的重要手段，是完善财政管理体制的必然需求。

各地方政府在使用财政资金时，存在缺乏效益观念的现象。对财政资金的使用效果缺乏追踪和绩效评价，导致效益不高和铺张浪费现象发生，影响了财政资金作用的发挥。首先，推进地方预算绩效管理的根本目的是改进资金管理、优化财政资源配置，把有限的财政资金分配好、使用好，从而适应财政收支规模不断扩大的要求，既可有效缓解地方财政收支紧张的矛盾，又可提高财政资金的使用效益，减少资金的占用和浪费，提高效率。其次，推进地方预算绩效管理也是适应财政分配领域和服务对象发生变化的需求。在民主财政的框架下，公众有权对政府的财政支出进行监督和问责，只有建立预算绩效管理制度，实行公共资金绩效考评与公开，才能回应社会公众的问责。最后，推进地方预算绩效管理是适应完善财政改革发展外部环境的要求，各地观念从“重分配”向“重绩效”转变，有效解决财政资金的使用效益和支出责任问题，是我国财政改革发展到一定阶段的必然选择。

（3）推进地方预算绩效管理，有利于增强地方政府管理的责任意识。

通过形成预算编制申请有目标、绩效运行有监督和绩效评价结果有应用的结合机制，一方面加强政府的绩效管理，增强了绩效管理的自律性和责任意识；另一方面将政府活动置身在公众的监督之下，通过提高政府透明度来扩大公众的知情权和参与权，强化地方部门的支出责任意识，创新政府的管理理念，提高政府的服务和管埋水平。

（4）加强对第三方评价管理，提高预算绩效评价工作质量，有利于提高地方政府透明度。

在绩效评价中引入第三方评价，对于提高绩效评价质量，完善绩效评价制度有着深远的影响：一是与政府相比，第三方机构具有独立性，能够保证评价结果的公正客观；二是绩效评价作为一项长期、复杂的工作，仅靠政府内部的评价是远远不够的，需要借助第三方力量建立长效机制，保证预算绩效评价工作的长期、有效开展；三是随着预算公开的不断推进，社会各界对预算支出绩效也更为关注，推进第三方评价力量，促进预算绩效信息公开，提高地方政府的透明度。

（5）加强对第三方评价管理，推进地方预算绩效管理工作，有利于健全财政支出体制，深化支出管理改革。

财政资金使用绩效中引入第三方评价，不仅可以提高绩效评价结果的客观性和公正性，同时在推进财政支出体制建设方面具有重要的现实意义。目前，我国地方财政支出范围仍存在不合理的现象，在个别领域存在着政府职能的“缺位”和“越位”的问题。实现地方政府预算绩效管理有利于进一步规范财政支出的范围，在安排各项支出前进行项目分析，判断项目领域是否属于公共产品和服务的范围，明确其履行职能的绩效目标，确保资金使用范围的准确合理；同时优化财政支出结构，地方财政支出的结构性矛盾日益突出，需要采取一定的方式对财政支出的结构进行调整和优化，实现地方预算绩效管理可以对支出结构的合理性进行评价。加强对第三方评价管理，有助于强化预算监督管理，提高资金使用绩效，推进地方预算绩效管理工作，同时，有利于合理分配财政资金、调整支出结构。

## 2.2 地方预算绩效管理的相关理论分析

### 2.2.1 委托—代理理论与地方预算绩效管理

本节基于委托—代理理论的视角，审视地方预算绩效管理中“信息不对称”和“激励不相容”的问题，帮助了解对财政资金进行绩效考评的原因，以及如何设计出科学的契约来诱导代理人为委托人的利益行动，为实现地方预算绩效管理提供相应的理论支撑，对进一步完善地方预算绩效管理体系具有指导意义。

美国经济学家 Ross（1973）发表的文章《代理的经济理论：委托人问题》（The Economic Theory of Agency: The Principal's Problem）提出委托—代理理论在经济学领域内的适用性。在委托—代理关系中，由于委托人和代理人都追求自身利益的最大化，在这种情况下，代理人很可能以牺牲委托人的利益为代价，来达到自身利益最大化的目标。因此，在委托—代理关系中，委托人面临逆向选择（Adverse Selection）和道德风险（Moral Hazard）两类风险。Ross 还将委托—代理理论引用到政府财政管理中，构成公民和政府间的委托—代理关系。公民依法缴纳税款，政府凭借财政收入为公民提供公共产品和公共服务。在现实操作中，财政部门在某种意义上代替公众承担监督责任，作为政府和社会的委托代理机构，承担替政府“管家”、公民“理财”的受托责任。严格意义上看，政府预算是一个多层次的委托—代理关系。由于信息不对称和利益的非一致性，在财政资金分配使用的过程中，公民、财政部门、预算单位形成三方博弈。在公民与预算单位委托—代理关系的基础上派生而来的是财政部门与预算单位间的委托—代理关系。

在财政部门和预算单位的委托代理关系中，财政部门在审批预算单位申报的资金用途后，拨款给预算单位，在这种委托代理的关系中，预算单位是处于信息优势地位，会引发财政资金使用去向不明及与计划不符的挪用现象，从而导致预算单位的资金使用效率低下，甚至出现贪污腐败的行为。为解决这个问题，需要对地方政府进行绩效评价，准确地掌握预算单位资金的使用效益，杜绝由于委托代理而形成的漏洞；在公民和财政部门的委托代理关系中，公民依法纳税，而财政部门提供相应的公共产品和服务。按照委托代理理论，财政部门处于信息相对充分的有力位置，就会出现牺牲公民利益而谋取个人利益最大化的情况，包括滥用资金分配管理的权利和财政监督的不作为。因此，需要采取一些手段将财政资金分配使用效果透明化来解决由于信息不对称可能给公众带来的损失。委托代理理论认为第三方监督实施契约是有效的。在理论上，卡尔·卢埃林（1933）很早就开创了研究“私下解决”的先河。由于财政部门和公民之间不对称信息博弈和专业化的发展，即委托方的专业知识和能力不足以有效行使所有的权利，因此，聘用专业性的代理人也是一种督促财政资金提高效率的模式。

按照上述理论，在政府预算委托—代理关系中，委托—代理问题产生的主要原因是委托人和代理人博弈过程中，政府掌握了较大的主动权。在地方政府预算执行中，公众和地方政府职能部门均属于有限理性经济人，尤其是地方政府职能部门的有限理性特征，可能通过有意地筛选信息发布或选择性提供信息，使社会公众对其真实信息难以观测，导致双方形成信息不对称的局面。委托人获得真实信息的途径受到阻碍，受托人极易发生逆向选择。政府预算契约涵盖范围广、涉及时间长，形成较长的委托—代理关系链，而在这种多层次委托—代理的关系中，委托人对代理人实行绩效考核时存在诸多困难，尤其是在缺乏有效绩效评价指标和绩效监督的情况下，委托人不能对代理人实施有效的激励和监督。多层次分级管理在很大程度上加大了委托人对代理人控制的难度，致使代理行为存在道德欺诈的风险。尽管在理论上，预算资源全部为民所用，但是在现实的操作中，从信息不对称角度，委托人很难以最小的成本去促使代理人最大限度地增加委托人的效用，在这个复杂的博弈过程中，代理人很容易偏离公众的目标函数，造成委托人利益受损和财政支出的低效率，从而使委托—代理关系失效，影响了地方预算管理的有效性。为有效监督代理人的行为，委托人可以采取激励制度、惩罚问责制度、加强预算监督等多种选项，但是任何一个选项的单向度的执行都存在成本过高的问题，而预算绩效管理恰好能够兼容上述单向度选择，解决过好的执行成本问题，将公众利益放在第一位，本着对结果负责的原则是以契约为载体，建立以奖惩为核心的激励机制。即受托人在规定时间内实现委托人的绩效目标时，就会得到必要的奖励；反之，则要受到惩罚，这种“激励相容”的方式使受托人不仅要考虑自身利益，也要考虑委托人的利益。通过预算绩效管理建立对代理人有效的监督机制，是委托人实现全过程监督的有效方式。在预算绩效管理中，通过实施绩效评价和预算单位发布的预算绩效报告，有效获取代理人实现委托人绩效目标程度的信息，解决信息不对称问题，从而实现对代理人行为的监督。通过绩效评价所得到的信息，并将相关信息公开，是建立“激励相容”制度的重要基础。预算绩效管理能够促使代理人有效地实现委托人的预期目标，是抑制代理人机会主义行为的有效途径。

在实际应用中，关于如何防范道德风险和减少委托代理费用，学者们提出很多办法，这对地方预算绩效管理的改革有一定的借鉴作用。首先，做好契约内容设计。在契约内容中限定可供选择的管理目标范围，通过绩效考评和预算管理，规定绩效考评与管理的实施主体和工作流程，建立科学可行的绩效考评体系和规范的考评模式，从而保证地方政府具有自由裁定的权利，也可以保证社会公众对地方政府行为的监督。其次，建立激励和奖惩机制。上级部门通过预算绩效管理对下级部门履行责任的情况进行评价，对如实按照绩效目标执行的部门实施奖励，即地方预算执行的绩效与奖励的额度直接挂钩。而对于未达到目标的部门，采取惩罚的措施，实现动态浮动，既有助于抑制官僚体系的机会主义冲动，又能灵活便捷且科学合理地管理财政资金；最后，多维护平衡制约。为保证监督工作的顺利实施和公正客观，一方面可以让社会公众直接参与监督，能够加强预算透明度，有助于发掘公共产品真实成本，优化财政资金投入结构。另一方面随着财政专项资金绩效评价工作复杂度不断增加，预算管理者和人们对于专项评估精细度的要求不断提升的大背景下，将专业的第三方组织引入到绩效考评实施的具体工作中，是一种运用专业知识、提高效率的财政资金绩效评价模式。总体来讲，委托—代理理论在地方预算绩效管理工作中的应用对地方预算绩效管理改革具有重要意义，通过设计科学有效的绩效管理模式，引导地方政府努力工作，最大限度地保持预算资金的使用效益以及公共服务的质量。

### 2.2.2 公共管理理论与地方预算绩效管理

作为应对政府失灵的新选择，新公共管理模式的提出具有深刻的思想基础。新公共管理理论反映出新形势下传统行政模式的信任危机，其核心是“政府再造”。绩效考评和管理是新公共管理理论的创新实践，对我国建立地方预算绩效管理体系提出对策性建议。

20世纪70年代之后，西方各国政府普遍采用凯恩斯主义经济学，对国家经济实行全面干预。政府职能的膨胀和政府规模的不断扩大引起民众的不满，经济衰退和财政危机的加剧，政府部门效率低下等困境的出现，科技革命使得各国政府的竞争压力日益加剧，公众的民主意识和需求逐渐多样化。在这种情况下，因本国经济和政治因素的影响，西方国家将其行政改革提到日程。此时经济全球化的出现，推动了西方国家此次政府改革。当时，私营部门在利润动机的驱使下，为保持良好的竞争力，取消集权，下放权力，减少中间层次，着重抓质量，提高生产效率的改革做法，为政府管理改革做到良好的示范。政府的公共行政理论开始做出转变，改革传统的公共行政体制。此外，信息技术也极大地促进了公共行政的改革，政府借助信息技术可以提高办事效率，遏制官僚主义的滋生，从而很好地完成提供公共产品和服务的任务。在这个时期，各国政府开始了“改造政府运动”，而新公共管理理论应运而生。新公共管理理论认为，公共部门特定的权力结构降低了管理者履行管理职能的能力，是绩效不佳的主要原因。

与传统的行政管理理论不同，新公共管理理论重新定位了政府职能，政府的服务理念转变到以社会公众为导向，重点强调政府对社会公众需求的回应能力。新公共管理的核心内容是以企业管理理念为基础，将私营企业优良的管理方法作为政府管理创新的参照，这也是新公共管理典范的诞生不同于传统政府管理模式的原因。新公共管理理论的主要特征是借鉴企业管理的理论和经验，发挥市场机制在公共服务领域中的作用，引入各种市场竞争机制，强调以绩效为导向的政府公共管理，以提升政府的管理能力和公共服务能力为目的。新公共管理理论是全新的改革理念，重新审视了传统公共行政中的行政法则，拓宽了公共行政管理的研究视野和领域，提供了一种当代公共部门管理的新实践模式。

伴随着新公共管理理论的兴起，西方各国开始重视建设高效率的服务型政府，通过以绩效预算为基础来提高公共资源配置效率理念被广泛采用。新公共管理理论从管理的角度对政府绩效预算的发展进行分析，对预算绩效管理具有以下三个方面的指导意义。

一是新公共管理理论借鉴私营部门的管理方式，引入竞争机制和成本效益分析法。新公共管理理论强调分权化和公共性来改善行政绩效。在公共管理领域，引入竞争机制和成本效益分析来提高公共服务的质量和水平，逐步促进预算绩效管理体系中绩效评价机制的建立。

二是新公共管理理论要求政府实施明确的绩效目标控制和绩效考评管理。依据绩效目标的实际完成程度，合理测量和评价财政支出取得的成效，加强绩效评价体系的应用。在实施绩效考评后，一方面，将绩效意识引入到政府的全过程活动中，加强管理者的责任感，树立正确的服务观念，改进政府提高公共产品和服务的方式，提高决策水平和管理效率；另一方面，根据公众对政府公共服务的需求，确定政府提供公共产品的总体目标，排列出分配预算资金时优先安排的事项清单，并通过绩效考评，将总体目标分解和细化，形成具体的部门目标，在编制出下一财政年度的预算和并在预算执行过程中进行全程监控，提高了部门效率。同时，政府管理的重点从财政投入转移到产出结果，确保对产出的效率和效果进行绩效评价。

三是新公共管理理论是强调以社会公众需求为导向的公共管理。要求政府提高服务意识，其经济行为要对社会公众的满意度负责。其本质是从管理型政府向服务型政府转变，通过预算绩效管理，增加预算的自主支配权来适应不断变化的公共需要，以此来提高社会公众的满意程度。

### 2.2.3 公共产品理论与地方预算绩效管理

公共产品理论，是新政治经济学的一项基本理论，最早是由 Marco 等学者在边际效用价值论的基础上，论证了政府和财政在市场经济运行中的合理性、互补性得出的理论。Lindahl（1919）提出的林达尔均衡（Lindahl equilibrium）是公共产品理论最早的成果之一，也是形成公共产品理论的重要基础。Samuelson 在《公共支出的纯粹理论》（1954）、《公共支出理论的图式探讨》（1955）文章中提出并解决公共产品理论的相关核心问题，首次提出公共产品的经典定义。1969 年，Samuelson 对林达尔均衡进行研究，分析得出公共产品中存在的“免费搭车”（free - rider）行为，导致林达尔均衡产生的公共产品供给均衡水平将会低于最优水平，因为每个人都不愿意透露自己对公共产品的偏好和愿意支付的成本。Tiebout 从地方层面对公共产品支出水平进行研究，首次将公共产品理论延伸到地方政府活动领域。他的经典文章《一个地方支出的纯理论》（1956）在考虑联邦财政和地方财政的关键差异后，建立更加充分反映居民偏好的简单模型对地区性公共产品与居住地选择的关系进行分析。后期，Buchanan、Kaizuka、Sandom 等很多学者进一步发展和丰富公共产品理论的内容，为正确处理政府与市场关系、政府职能转变、构建公共财政收支提供基础理论。

（1）林达尔均衡。

为解决公共产品的有效供给问题，瑞典经济学 Lindahl 在 1919 年提出公共产品均衡模型，也被称为林达尔均衡（Lindahl equilibrium），是指社会成员获得的公共产品供给水平以及他们之间成本分担的一种均衡模式。按照 Lindahl 的解释，这是一种自愿获得和分担成本的合作方式，如果每一位社会成员都按照享有的利益来支付应当分摊的费用，那么公共物品的供给量可以达到具有效率的最佳水平。但是实现林达尔均衡的前提条件是：每一位社会成员都不存在隐瞒或低估自己得到的边际效益从而逃避本应分担的成本费用的动机；同时，每一位社会成员都不存在隐瞒或低估其边际效益的可能。因此，有效供给的关键在于消费者能否真实地表达对公共产品的需求，从而承担相应的公共产品成本。政府向社会成员提供公共产品，按照税收等价原则，社会成员通过“纳税”的方式予以支付，林达尔均衡解决的是如何确定公共产品供应水平和如何运用价格系统为公共产品筹资这两个问题。

（2）公共产品的供给与垄断市场具有相似性。

公共产品并不非得由政府提供，但是由于公共产品的非排他性质，提供过程中存在“免费搭车”的现象，就使私人部门不愿意提供。因此政府就成为公共产品的供给方，一直处于垄断市场的地位。但在公共产品的供给上，政府部门并不直接面对需求方，而是通过具体职能部门或机构负责提供相应的公共产品。但是社会公众通过纳税的形式支付所需要的公共产品的费用给政府，而不是相关的职能部门，导致公共产品的供求主体相分离，会引起相关职能部门不断追求预算最大化的动机，从而导致政府整体支出呈扩大趋势。

在公共产品资源配置上讲求绩效，以公民满意度为导向，公共产品的提供既不能过多也不能过少，在满足社会成员需求的基础上保证社会成员所消费的程度是合理适度的；最后，政府在考虑税收收入的多少，资金支出结构和方向，公共产品的产出效果，以及确保和体现公众消费者效用最大化的过程中，将上述绩效理念和效率原则贯穿到预算管理中，有利于约束和管理政府提供公共产品的成本，增加财政资金的使用效益，有效降低政府成本，提高公共产品的供给效率。因此，政府引入公共产品理论，在管理和约束提供公共产品的生产成本的同时，对财政资金的绩效管理加以重视并推行，从而加强预算绩效管理，提高政府资源配置效率，优化公共产品提供的质量。

### 2.2.4　公共选择理论与地方预算绩效管理

公共选择理论产生于20世纪40年代末，是一门介于经济学和政治学之间的新兴交叉学科，又称为“新政治经济学”（New Political Economy）。公共选择理论是一种运用经济学的分析方法来研究政治决策机制如何运作的理论。

英国经济学家Black在1948年发表的《论集体决策原理》，奠定了公共选择理论的早期基础。随后，美国著名经济学家Buchanan对公共选择理论的基本问题进行全面的探讨，尤其是提出并论证经济学和政治决策理论的契约和宪法基础。他认为公共选择是政治上的观点源于经济学家的工具和方法大量应用于集体或非市场决策中产生。公共选择理论以经济理性人作为研究对象，一个理性人会受到影响其利益的刺激机制支配，在自我获益的情况下，驱使其从事该行为，反之，则引导取消该行为。在理性人的假定前提下，即使在不同领域，政府的官僚和普通群众都是无差别的，都受其自身利益的诱导而不是追求公共利益最大化，从而容易导致“搭便车”、寻租等情况的发生。因此，建立一个能够有效制约政府行为的政治决策体系十分必要。

从政府运行和决策角度分析，公共选择理论揭示出政府中存在追求自身利益的行为，加上信息不透明的影响，较难反映出公众对公共产品的偏好，导致在公共部门决策时，出现“政府失灵”的现象；从政府财政管理角度分析，如果监管机制不健全，“政府失灵”的现象便容易发生在各级预算支出的活动中，其原因是财务管理主体借助自身优势地位获得内部利益。从而导致政府决策失灵、公共产品低效率、资金浪费等情况。公共选择理论以试图克服政府干预为前提，提出建立民主的公共选择机制，并将绩效评价引入预算管理，建设良好的监管机制。从这个角度来看，公共选择理论对预算理论的最大影响是以理性经济人假设取代传统理论中的人性假设，将政府管理的侧重点从控制转变为激励，而这一转变对预算绩效管理的理念变化产生了重要影响，其中最具代表性的就是“X—低效率”理论和Niskanen提出的官僚预算最大化模型。

（1）“X—低效率”理论。

20世纪60年代，美国经济学家Harvey Leibenstein提出“X—效率”理论。政府部门中，投入的资金或资源如果没能被充分利用，将会导致政府部门“X—低效率”。公共部门“X—低效率”的主要表现为政府行政成本费用高昂、行政产出不均衡以及政府寻租行为。当前预算绩效管理中存在的“X—低效率”问题主要表现为：政府资金使用不合理、预算执行目标不到位、预算公开透明度不强。而以结果为导向的预算能够减少低效率的产生，通过完善政府预算绩效管理的技术手段量化分析政府行为成本效益，使投入和产出的对应更加明确。同时，充分发挥群众监督作用强化对政府部门的契约约束关系，达到提高财政资金使用效率的目的。

（2）官僚预算最大化理论。

官僚预算最大化模型是 Niskanen（1971）提出的，他从理论的角度解释了官僚机构提供公共产品的行为模式，以及该行为对官僚机构预算产生的影响进行分析。Niskanen 认为官僚机构受内在利益驱动，倾向于过度供给公共产品来争取预算资金最大化。1974 年，Migue 和 Belanger 对该模型进行修正，指出官僚的效用可能是自由裁量的预算和产出的函数。随后，在 1975 年和 1991 年，Niskanen 先后两次对初始理论进行修改与完善。

Niskanen 在理论修改后，指出在官僚预算最大化模型中，预算体现的是公共产品的交易关系。交易关系由官僚机构与其赞助者组成，赞助者是通过列支预算项目为公众购买公共产品的提供方，而官僚机构是供给方，获得预算资金并提供相应的公共产品。其中官僚机构作为特定公共服务的唯一提供者，在整个预算过程中处于有利的地位，他们以追求预算最大化为目标，机构规模越大，官僚们的权力越大。官僚机构通常以夸大产出水平及利用低效率的生产技术来增加投入量的方式扩大预算规模，从而在产出和投入两个方面扩大财政资金的支出。官僚预算最大化模型假定官僚机构不能将剩余的预算余额占为己有，因此，在官僚机构无法将预算结余据为己有时，倾向于利用各种方式花光所有的预算。从而导致相比于均衡的预算和产出比例，官僚机构消耗了过多了预算资金，造成预算资金的浪费。

目前，官僚预算最大化模型是预算分析中常用的基本模型，也是公共选择理论中最重要的模型之一。为抑制官僚追求自由裁量的预算最大化，需要加强对预算资金的有效控制，防止出现最大化的倾向，同时提高资源配置效率，避免产生无效的支出，这些内容表明建立预算绩效管理的模式，可以较好地实现对官僚预算的控制。

公共选择理论分析了政府失灵的主要原因，认为要改善官僚制的运转效率、消除政府失灵，根本途径在于取消“公共垄断”，在公共部门中恢复竞争，引入市场和准市场机制，这种转变也是预算绩效管理能够实施的逻辑前提。公共选择理论给地方预算绩效管理改革的启示包括两个方面，一方面是采取一定措施避免出现“X—低效率”，包括加强地方预算绩效管理的制度建设，完善地方预算绩效管理的技术手段以及充分发挥公众监督作用。在“X—低效率”理论的指导下，地方预算绩效管理应本着现有的客观条件来正确认识当前的实质情况，加强各职能部门间的配合，避免出现因部门利益争夺产生消极情绪的现象。另一方面是实现对官僚预算的控制。通过加强对预算的管理和控制，防止出现预算最大化的倾向，避免产生无效支出。

综上所述，委托—代理理论、新公共管理理论、公共产品理论和公共选择理论从不同的角度分析了推动我国地方预算绩效管理实施改革的成因。委托—代理理论通过揭示地方预算存在的问题，得出只有通过设计科学有效的绩效管理模式，引导代理人努力工作，才能最大限度地保持预算执行结果与实际预期相符，提供有效的公共服务的结论；新公共管理理论拓宽了地方行政管理的研究视野和领域，提出以绩效预算为基础来提高公共资源配置效率的理念，提供了一种当代地方预算管理的新实践模式；公共产品理论的引入，试图实现地方公共产品产出的均衡水平，在对政府提供公共产品的生产成本和使用效率形成管理和约束的同时，也对财政资金的绩效管理加以重视并推行，从而提高政府资源配置效率，优化公共产品提供的质量；公共选择理论提出建立民主的公共选择机制，并将绩效评价引入预算管理，建设良好的监督管理机制，将政府管理的侧重点从控制转变为激励。美国著名经济学家 Milton Friedman 将政府及相关部门的经济活动表述为“花别人的钱、办别人的事”，即花纳税人的钱，办纳税人的事。随着地方行政部门权利呈现的扩张趋势，各层级政府出现自利的情况是不可避免的，其最坏的结果是使用财政资金时既不讲效果，又不讲节约。因此，为避免这种最差选择的产生，需要加强对政府部门的监督。我国地方开展预算绩效管理改革的意义体现在政府管理理念的转变，以及管理模式和方法的优化，通过加快政府职能的转变，积极建设服务型政府，体现出以人为本的价值取向，也提供了公众参与预算过程的途径。从对相关理论的研究表明，一方面，通过引入绩效机制完善预算管理，避免出现政府决策效率低、资源配置效率差、资金使用严重浪费的现象，进而实现成本低、效率高的“最优选择”。通过设定绩效目标，来安排预算资金，提高资源配置，同时应用绩效评价来判断政府是否实现了低成本与高效率组合的目标，从而保证绩效目标的如期实现，确保资金使用效率和效益的最大化。另一方面，从预算绩效管理的发展视角来看，多元主体参与评价是重要趋势。通过引入第三方机构参与评价，得出更加客观、全面、公正和可靠的绩效评价结果，克服传统的自评为主以及由此产生的自夸问题。由于上述理论的分析思路和分析工具不同，关注重点各有侧重，因此在书中分析时将通过各个理论的特点，在不同的章节中对其加以综合利用。

# 3 我国地方预算绩效管理的改革进程与问题

## 3.1 我国预算绩效管理的发展脉络

“预算”和“绩效”是一个普遍概念。虽然绩效预算是从西方借鉴来的管理理念，但是我国的预算绩效管理具有自身的特点，这与我国古代朴素的预算原则和绩效管理思想有着深远的联系。

关于我国古代“预算”思想的萌芽，国内学者许毅和陈宝森（1984）指出，《周礼·天官冢宰》中记载的“九赋九式”制度具有财政预算的色彩。其中，“九赋”中前六项带有受益税的田赋性质，后三项是带有工商税性质的物产税，均属财政经常性收入，而“九式”是掌管财政的太府安排支出，做到专款专用的依据。所以，“九赋九式”制度较为详细地对政府收支的来源和用途进行论述，形成了我国早期的预算制度①。徐时钜在《历代理财人物选记》一书中表述了周代“量入为出”的预算原则②，是我国预算思想最早的萌芽阶段。秦汉时期，预算管理实行上计制度，表示地方政府需要定期将财政收支情况逐层级的上报，最后综合得到全国预算收支报告。汉代尤其强调“量吏禄、度官用、以赋于民”③，实行“以支定收”的方式；在预算分类上，将国家财政和皇家财政分开管理，分开预算、各收各支；在预算管理上，从地方政府政府到中央政府层层预算，强化对地方收支的控制，而增强中央对地方直接监察权，使权力进一步向中央集中，严格实行地方的上计制度也反映出中央对财政预算的高度重视。唐朝时期预算实行“一年一造”④ 的编制方式，自上而下，层层编制层层上报，同时推行“量出制入”⑤ 的预算原则，最后形成完整的国家预算。明清时期，在沿袭了之前预算制度框架的基础上，进一步强化了中央政府的预算控制，增强了中央对财政的统一集中管理。尽管在形式上，与现代的预算

---

① 许毅，陈宝森．财政学［M］．北京：中国财政经济出版社，1984.

② 徐世钜．历代理财人物选记［M］．北京：中国财政经济出版社，1983.

③ 引自《汉书．食货志》。

④ 引自《唐六典》。

⑤ 引自《新唐书·杨炎传》。

理念有差别，但是当时所遵循的“量入为出”和“量出制入”预算原则，为我国现代预算管理制度奠定基础。

政府绩效管理在我国古代各朝代被称为“考绩或考课”，每个朝代都有各自的“治吏”制度，其总体内容包括选拔、考绩、品级、奖惩、俸禄、休致、养忧等。每个朝代的治理重点都包括官吏的考绩和奖惩，即“治吏不治民”的兴国之策。绩效是一个综合性概念，包括过程和结果的衡量，要进行绩效的考核和管理，就要先确立绩效标准。我国政府的考课制度经过历朝历代的不断完善，逐步形成了一套考核制度，其中不同朝代在这套绩效管理机制的形成中扮演不同的角色（见图3－1）。

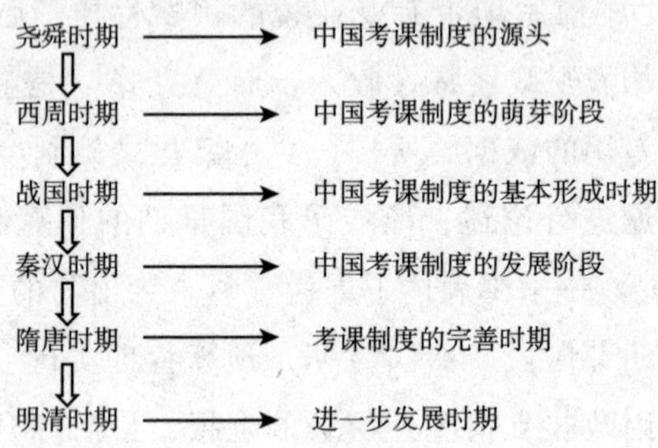


**图3－1　我国古代政府考课制度的发展阶段**

绩效考核的出现可以追溯到尧舜时期，《尚书·尧典》记载“纳于大麓，暴风骤雨弗迷”，是指尧将帝位禅让给舜之前，对其进行绩效考核。到了西周时期，《周礼》中记载“六计”和“大比”的考核标准，分别对中央官吏（群吏）和地方官吏（六乡四郊之吏）提出重德行和重政绩的双重考核标准。春秋战国时期，管仲提出：“君之所审者三，一曰德不当其位，二曰功不当其禄，三曰能不当其官。”这是君主考核官吏的主要标准，为防止官吏采取欺骗手段进行考核和虚报成绩，上计制度不仅能够审核财政支出的准确性，同时也能作为评估相关管理政绩的依据。

秦朝时期，首先提出“五善五失”的标准来考察官吏的政治品德，汉代在此基础上，对地方官员在“钱谷入出”（财政收支）方面的考核尤为重视，通过上计制度来考察地方官员在任职期间的政绩情况，考核结果比较客观，考核方式较容易操作和度量。隋唐时期，考课制度得到进一步完善。唐朝时期，对“流内官”和“流外官”的考核标准是“四善”[①]和“二十七最”，在这个时期官吏升迁和俸禄的增减是以考课结果为依据，各地官员政府管理的情况将作为奖惩的客观依据。在财政收支方面，为方便衡量政府的用度来考察官员的绩效结果，建立比较独立的国家财务收支审查、监督机构。同时，为克服政府项目繁杂难检查的情况，创立了预算常用项目的编制方法。

明清时期，为治理吏治不清、法令不行的情况，张居正主张推行“考成法”，对官员工作实效和运行效率进行考核，对各级官吏进行定期考察，并且对其所办事项均规定期限办妥，严格对中央和地方的各级官吏进行控制。上述各朝代对政府财政和官吏的考核做法体现出我国古代的绩效管理思想，虽然与现代绩效管理思想上存在着很大的差异，但是对当时政府的管理产生了深远的影响，而其中的一些预算理念，也为我国现代预算管理制度奠定了基础。

我国现代的预算管理改革进程可分为三个阶段，在每个阶段地方各部门扮演的角色都不相同。

（1）第一阶段：1953—1979 年。

这一阶段，我国处于计划经济体制时期，财政体制随中央与地方关系在集权与分权的循环中相应变化，并逐步向分权化的财政体制探索。这一时期我国预算管理实施的是由中央统一制定预算政策和制度，地方分级管理的办法。1978 年党的十一届三中全会，提出要全面进行经济体制改革，我国预算制度改革作为财政体制改革的一部分也进入了关键期。但是由于中央政府干预色彩浓重，地方财政缺乏自主权，导致地方政府缺乏积极性，在地方公共需求供给方面的资源配置效率低下。该时期经济建设与市场化改革同步进行，大大增加了地方政府财政支出的压力，预算平衡不断受到挑战。因此，地方预算管理始终处于一种不科学、不规范的状态。

（2）第二阶段：1979—1993 年。

1979 年，我国预算管理制度开始恢复重建，逐步恢复了预算报告和批准制度。1991 年，国务院发布《国家预算管理条例》，范围覆盖各级地方政府，要求在每一预算年度之前按照规定编制预算草案，并对地方预算草案的审批

① 引自《唐六典》卷二《吏部》。

和批准做出规定。这一阶段逐步打破长期以来财政统收统支的局面，实行“分灶吃饭”。强调地方财政的保障性职能，加大了地方政府留成比例，通过多收多得的激励机制鼓励地方政府的积极性，较好地处理了中央与地方的关系。基于这种管理体制，地方政府统筹辖区经济社会发展的能力空前加强，但是出现了地方政府盲目建设和重复建设的现象且逐步增多，导致预算资源的配置和使用绩效降低。

（3）第三阶段：1994—2017 年。

随着社会主义市场经济体制改革目标的明确提出，建立与之相适应的预算管理制度成为主要任务。1994—1999 年是我国与市场经济相适应的预算管理制度的初步形成阶段。1994 年通过的《中华人民共和国预算法》（以下简称《预算法》）为规范地方政府行为提供了有力的法律依据，也开启地方预算管理有法可依的新阶段。《预算法》中提出有同级人大审批地方各级政府对预算草案、预算执行情况的报告。这一阶段预算平衡仍是预算管理的目标，要求地方政府加强赤字和预算规模控制。预算绩效管理理论引入我国并开始实践的时间是在 2000 年之后。2000 年后，我国预算管理制度逐步完善，从部门预算改革、推行政府收支分类、规范公共资金管理的角度，提出建立以部门预算、国库集中收付和政府采购制度为核心的公共财政体制改革框架，积极推动预算制度的现代化进程。2002 年湖北省恩施市开始实施试点探索。根据 2011 年出台的《关于推进预算绩效管理的指导意见》（财预〔2011〕416 号），我国对预算绩效管理工作做出具体部署，预算绩效管理工作开始在中央和地方开展起来，并取得积极进展。

近些年来，中央高层高度重视预算绩效管理工作，逐步打破了传统预算的合规性管理，引入绩效作为预算管理的核心内容。基于这种情况，我国预算管理拉开从合规管理走向绩效预算的帷幕。2005 年，党的十六届三中全会首次提出“建立预算绩效评价体系”的观点。此后，我国各级政府开始积极探索如何建立绩效预算评价体系，从中央到地方的顺序，先易后难，稳步推进，不断地积累实践经验。在国家政策的推动之下，预算绩效评价开始规范化发展，同时出现部分成功的绩效预算试点，为进一步规范预算绩效管理的改革提供借鉴，也为下一步制定具体制度和操作方法提供思路。2009 年，财政部成立专门的预算绩效管理处，负责指导预算绩效管理工作，推进了预算绩效管理改革的进程。2012年，为加强预算绩效管理，全国人大五次会议明确提出，健全支出绩效考评机制，提高资金使用效益。2013年，党的十八大通过的《中共中央关于全国深化改革若干重大问题的决定》将预算管理制度改革的总方向定位在实施全面规范、公开透明的预算制度。[①] 随着我国预算绩效管理改革的不断推行，为进一步提高财政资金的使用效益，实现财政资金的精细化和科学化管理，我国着力探索更加有效的预算绩效管理改革方式。财政部为推进预算绩效管理工作，先后出台关于推进预算绩效管理改革的多个文件，这也成为各地完善预算绩效管理体系的重要依据，其具体情况见表3－1。

**表3－1　　财政部出台的主要文件及内容**

| 文件名 | 颁布时间 | 出台背景 | 主要内容 | 对地方预算绩效管理的指导意义 |
|---|---|---|---|---|
| 《财政支出绩效评价管理暂行办法》 | 财预〔2011〕285号 | 提出全过程预算绩效管理理念，加强对全过程预算绩效管理的指导与推动 | 确定了预算绩效管理的指导思想和基本原则，明确了基本概念和主要内容，提出逐步建立健全全过程预算绩效管理机制 | 是一个指导性的文件，为各地区各部门结合实际而具体实施留出余地 |
| 《关于推进预算绩效管理的指导意见》 | 财预〔2011〕416号 | 深入贯彻落实科学发展观，完善公共财政体系，推进财政科学化精细化管理，强化预算支出的责任和效率，提高财政资金使用效益 | 推进预算绩效管理，要将绩效理念融入预算管理全过程，使之与预算编制、预算执行、预算监督一起成为预算管理的有机组成部分，逐步建立“预算编制有目标、预算执行有监控、预算完成有评价、评价结果有反馈、反馈结果有应用”的预算绩效管理机制 | 扩大试点范围，地方各级财政部门负责本行政区域预算绩效管理工作。充分认识全面推进预算绩效管理的重要意义 |

① 晁毓欣．我国对财政绩效评价的认识深化、现存问题与完善思路——基于投入产出表和损益表的模拟测算［J］．地方财政研究，2013（06）．

续表

| 文件名 | 颁布时间 | 出台背景 | 主要内容 | 对地方预算绩效管理的指导意义 |
|---|---|---|---|---|
| 《预算绩效管理工作考核办法》 | 财预〔2011〕433 号 | 为全面推进预算绩效管理工作，充分调动中央部门、地方省级财政部门开展预算绩效管理的积极性 | 根据预算绩效管理工作考核评分表对中央部门、省级财政部门的预算绩效管理工作进行考核 | 中央部门和地方财政在预算绩效管理工作的职责和定位不同，地方财政侧重于预算绩效管理的管理情况 |
| 《预算绩效管理工作规划（2012—2015年）》 | 财预〔2012〕396 号 | 加快推进预算绩效管理工作，完善顶层设计的需要，解决实际问题的需要 | 建立一个机制，完善两个体系，健全三个智库，实施四项工程 | 同时颁布配套方案《县级财政支出管理绩效综合评价方案》 |
| 《预算绩效评价共性指标体系框架》 | 财预〔2013〕53 号 | 建立符合我国国情的预算绩效评价指标体系，不断规范和加强预算绩效评价工作，提高绩效评价的统一性和权威性，全面推进预算绩效管理 | 1. 项目支出绩效评价共性指标体系框架<br>2. 部门整体支出绩效评价共性指标体系框架<br>3. 财政预算绩效评价共性指标体系框架 | 地方政府根据具体绩效评价的不同，灵活选取最能体现绩效评价对象特征的共性指标，赋予各类评价指标科学合理的权重分值，明确具体的评价标准，从而形成完善的绩效评价指标体系 |
| 《财政管理绩效考核与激励暂行办法》 | 财预〔2016〕177 号 | 充分发挥财政部门积极性，鼓励各地财政部门从实际出发干事创业，推动形成主动作为、竞相发展的良好局面，进一步推动地方深化财税体制改革，完善预算管理制度，提高财政资金使用效益，逐步建立与实现现代化相适应的现代财政制度 | 从预算执行进度、收入质量、盘活财政存量资金、国库库款管理、地方政府债务管理、预算公开、推进财政资金统筹使用等 7 个方面，结合预算管理目标对地方财政管理工作完成情况进行考察，并对优秀予以奖励 | 绩效目标管理逐步覆盖所有中央部门本级项目、中央对地方专项转移支付，以及部分中央政府性基金和中央国有资本经营预算项目，初步建立起比较全面规范的绩效指标体系 |

预算绩效管理的顶层设计趋于完善，大多数地方结合实际制定了推进本地区预算绩效管理的指导意见或实施意见，其中北京、河北、吉林、浙江、

安徽、青岛、广西、海南、贵州、甘肃、青海等地以政府名义出台有关规定；上海、青岛、福建、吉林、甘肃、江西、云南、海南等地在绩效目标管理、绩效评价程序、指标体系建设、引入第三方评价管理等方面制定了配套措施、实施细则和操作指南等一系列文件，使本地预算绩效管理更具可操作性。随着地方预算绩效管理实践范围的逐步扩大，地方开始展开多元化的绩效评价试点，绩效评价逐步从项目支出向部门整体、财政政策等方面扩展，并创新出竞争性资金分配等先进管理模式；市、县级绩效评价工作也开始试点，部分省份将绩效评价范围覆盖全省，同时，开始积极探索引入第三方评价，并指出在接受财政或预算部门委托的情况下，第三方机构可以独立开展评价工作，实现“纵向到底”的管理方式。

2014 年，我国重新修正了的《预算法》（以下简称新《预算法》），并于 2015 年 1 月 1 日起施行。这是我国首次将公共财政预算收支中的绩效管理要求以法律的形式明确，在推动我国预算绩效管理中发挥巨大的作用。地方预算绩效管理模式作为建设我国全过程预算绩效管理体系的重要组成部分，在新《预算法》中传递出的相关信息分为六个方面：一是讲求绩效，要求地方政府勤俭节约，一旦违纪将追责；二是在预算编制时，要求编制全口径预算，并将绩效管理贯穿到预算活动的整个过程，促使预算管理既要“全口径”，又要“跨年度平衡”；三是将“绩效目标”概念引入，编制以结果为导向的预算，突出把结果前置的绩效理念；四是以“花钱必问效，无效必问责”为管理原则，重视财政资金是否严格按照预算编制来执行，并实现绩效目标；五是在预算执行和监督环节中，要求各级政府部门对预算支出进行绩效评价，尤其是重大投资项目、重点支出资金的使用及绩效情况，并对专项转移支付实行定期评估和退出机制；六是对转移支付的绩效目标、地方政府举债等方面做出规定。新《预算法》的出台为我国预算绩效管理营造了一个良好的法律制度运行基础和运行环境，促进地方预算绩效管理体系的建设，加快改革地方预算绩效管理的步伐。

（4）第四阶段：2018 年至今。

为落实十九大精神，积极推进预算绩效管理的全面实施，2018 年 9 月，《中共中央 国务院关于全面实施预算绩效管理的意见》（中发〔2018〕34 号）正式发布。该意见指出，应在 3—5 年时间内基本建成全方位、全过程、全覆盖的预算绩效管理体系，实现预算和绩效管理一体化。

随着政策措施的不断完善，体制机制的不断创新，中国预算绩效管理逐步迈入改革创新的深化阶段，在政府预算、部门和单位预算、政策和项目预算等全方位，在事前、事中、事后等全过程，在一般公共预算、政府性基金预算、社保险基金预算、国有资本经营预算等全覆盖领域，都开启了更为系统、深入、全面的改革。

## 3.2 地方预算绩效管理改革的实践探索

近几年，我国各地在深化绩效理念，提高财政资金使用效益，增强政府公信力等方面都进行积极的探索，初步建立起地方预算绩效管理框架，为下一步建立完善的全过程预算绩效管理体系积累了有价值的经验。

### 3.2.1 预算绩效管理理念逐步强化

为完善我国地方预算绩效管理改革，需要在思想层面树立良好的绩效理念，为改革的实施营造良好的工作氛围。目前，我国地方政府通过对绩效理念的大力宣传，逐步形成以结果为导向的管理理念。以浙江省为例，2014 年度在省级财政部门预算绩效管理的考核中，被财政部评为考核结果第一名。浙江省为强化部门支出责任意识，强调理念的宣传和绩效文化的培养：一方面，多层面的借助各种载体，包括纸质、多媒体等方式，广泛地对“用钱必问效、无效必问责”的财政支出理念进行宣传，如 2008 年开展了绩效评价知识竞赛和有奖征文活动；另一方面，通过举办各种相关主题活动，创新预算绩效管理理念的宣传方式，如 2009 年开展的绩效工作宣传活动是以“关注民生、关注绩效”为主题；2011 年开展了“绩效问责让花纳税人的钱有压力”的专题宣传活动。由于我国地方开始预算绩效管理改革的时间不长，虽然预算绩效的思想意识有所提高，但是要全面转变思想观念，强化责任和效率意识还需要更多的努力。下一步地方预算绩效管理改革需要通过多种途径对绩效理念加大宣传力度，使其融入实际工作中。通过绩效文化的建立和绩效价值观的培养，营造良好的环境，提高业务部门对预算绩效管理工作的责任主体意识；同时，结合宣传和培训等手段进行有效的渗透，利用媒体宣传成功经验和典型做法，促进预算绩效观念的牢固树立。

### 3.2.2 相关规章制度的规范化制定

全国各地通过政府或财政厅发文的形式，制定专门的预算绩效相关管理办法和规章制度，并随着实践工作的开展不断地完善和补充。各地方层面在此基础上，制定相关协调制度、规范性文本、内部工作流程等相应的配套文件：如河北、青岛直接以政府的文件发文，天津、内蒙古、上海、浙江、宁波、广东、贵州等 7 个地区以政府办公厅的文件转发，其他均以财政厅(局) 发文。在此基础上，各地还制定内部工作流程、相关协调制度、规范性文本等相应的配套文件：如江西省以省政府名义出台《关于改革完善预算管理制度的意见》《关于全面推进预算绩效管理的实施意见》文件，以财政厅名义出台《江西省预算绩效管理工作考核办法》《江西省县级财政管理绩效综合评价方案》《预算绩效评价共性指标体系》《预算项目支出评价制度》等先关配套文件。近几年，各地不断建立健全制度体系，为推进预算绩效管理工作提供了制度保障，确保改革规范有序进行。目前，我国部分省份的预算绩效管理制度框架已经初步确实，除了依据上一级政府制定的促进预算绩效管理改革的方案以外，不同省市还根据自己辖区的需要，制定出相应的配套措施。

### 3.2.3 绩效目标管理的加强

绩效目标是预算绩效管理的起点，将预算绩效管理的内容延展到事前的资金分配环节，对各项目进行事前评估论证有利于提高项目的科学性和合理性。增加绩效目标管理的环节使预算编制更具针对性，增加预算单位财政支出的绩效观念和责任意识，有利于财政部门从资源配置层面优化支出结构，为实现预算的绩效约束奠定基础。近年来，我国各地通过对预算绩效目标的管理，提高了预算编制的精细度，并形成“设立绩效目标、监控绩效目标、评价绩效目标”的良性循环。如浙江省，从2007年开始实行绩效目标管理，采用先试点探索、再全面推广的办法，将绩效目标管理范围覆盖到全省的部门项目资金；并将第三方引入绩效评价中，邀请人大代表、专家学者及中介机构参与，提高了政府公信度；同时实施分类管理，明确相应类别项目的绩效指标，科学合理的审核预算运行情况，提高精细度和可操作性，促进预算资金的合理分配，也为决策者提供科学合理的财政资金分配方式。此外，加强后续跟踪，以部门预算重点会上审查部门的项目为重点，先后确定4大类21项绩效跟踪内容，实施绩效监控试点，持续反馈其绩效目标的运行状况。而江西省财政厅采取预算绩效目标管理先试点探索、再全面推广的办法，稳步扩大绩效目标管理范围，省级18个试点部门的249个专项实行了绩效目标管理，设立绩效目标1355个，制订绩效指标3037个，量化标准值2752个。各地通过绩效目标设定和落实，将预算绩效管理从事后评价环节前移至预算编制环节，在建立全过程预算绩效管理机制上进行有益的探索。综合来看，各地政府围绕绩效目标的完善逐步推进预算绩效管理，通过设立明确的绩效目标和合理科学的审核，有利于预算资金的合理分配，减少预算的随意性。在预算编制过程中，为决策者提供了合理选择的信息，更好地优化财政资金的分配。

### 3.2.4 绩效运行管理方式的有效探索

在预算执行过程中，建立绩效运行跟踪监控机制是预算绩效管理不可或缺的一个重要环节。通过对绩效目标进行适时跟踪，加强预算执行的绩效监控，有利于及时发现问题便于改正，确保预算资金在既定的支出轨道内运行，减少偏差以实现“最小的投入，最大的产出”，进一步提高预算支出的规范性和安全性，从而提高预算绩效管理质量。如福建省，2012年正式开展对预算项目执行绩效监控的试点。在绩效监控过程中，主管部门和财政部门分别采取自行监控和重点监控的方式，将绩效监控流程分为“布置—跟踪—报送—反馈—抽查”几个步骤，逐步完善对绩效监控的流程。随后在2014年发布《关于开展2014年财政支出项目绩效监控工作的通知》的文件，重新规范了《预算项目绩效监控情况表》的“分季度执行情况”（资金安排使用情况、项目年度绩效目标）和“监控报告”。2017年财政部印发《中央财政专项扶贫资金管理办法》要求对中央专项扶贫资金开展绩效进行监控。通过逐步完善绩效运行监控机制，预算单位按照规定认真对项目进行跟踪，及时反馈和提供相关的跟踪监控材料，不断查找资金使用和管理中的薄弱环节，确保实现绩效目标。

### 3.2.5 绩效评价工作的深入开展

绩效评价既是预算绩效管理的核心环节，也是检验绩效目标实现程度的重要手段。我国地方在完善绩效评价体系的实践中，不断总结经验，针对地方自身情况，制定切实可行的绩效评价实施方案，逐步做到事前、事中、事后的全过程预算绩效管理，实现预算绩效管理与政府绩效管理的有机结合。在绩效评价方式上，安徽省和河北省采取部门内部的重点评价、自我评价和整体评价三种方式对财政项目支出进行绩效评价。各预算部门对项目支出绩效进行自我评价，在自评基础上由预算处牵头对部分重点项目和民生项目进行财政再评价，最后开展对预算单位整体支出绩效评价。广东省采取逐步引入第三方评价参与重点评价和绩效自评，包括邀请专家和第三方中介机构；在绩效评价范围上，四川省经过几年探索实践，形成以项目支出绩效评价为主，同步推进部门支出、转移支付为评价试点的方式，其评价范围包括财政支出各类领域；在绩效指标设定过程中上，一些省份对绩效评价中优秀的指标进行整理、分类，不断补充评价指标库，目前已涵盖5大类48个款共计185各指标体系。为进一步完善绩效评价指标体系，部分地方省份采取邀请第三方机构参与构建项目指标体系。如湖北省通过各地试点，收集整理了国家、省级评价项目标准和各行业的绩效指标，初步建立了覆盖农业建设、科技发展、文教卫事业等几个领域的绩效评价指标体系；上海市闵行区作为试点地区在借鉴美国绩效评价实践的基础上，以美国PART项目绩效评价为基础，设计出独立的项目绩效评价指标体系。

### 3.2.6 绩效评价结果的初步应用

绩效评价结果的应用关系到绩效评价工作的实效，是预算绩效管理工作中的难点。将绩效评价的结果反馈到预算单位，并督促与预算进行整合，有效地完善预算绩效管理体系。同时，将绩效评价结果向政府和人大报告，在一定范围内采取一定方式予以公布，加强公众对政府活动的监督，推进高效、透明政府的建设。

目前，我国一些地方将绩效评价结果公开化，旨在以公开促整改，其公开方式呈多样化。如上海市将评价结果在财政网站上进行公开，并向考核小组、市委督察、纪委监察部门通报；北京市将评价结果上传至财政办公平台的专题网站，在市级行政事业单位范围内公开；广东省、四川省将评价结果通报相关部门，四川省还选择部分典型项目的评价报告对媒体公示。部分试点将绩效评价结果直接与预算安排挂钩，提高了绩效评价结果的约束力。尽管采取的方式不同，但目的都是加强外部监督。但绩效评价结果的应用并没有广泛地在各地范围展开，只有部分省市在预算绩效管理中加以运用，如北京市出台了《北京市预算绩效管理问责办法》，明确绩效问责的情形和方式，将绩效结果与预算决策结合起来，并纳入政府绩效管理行政问责考评范围，进一步提高绩效评价结果应用的层次；浙江省、江西省将重点评价项目和自评抽查项目的评价结果及时反馈至预算部门，要求进行整改落实和改进管理。因此，下一步改革中，各地应该将评价结果应用作为预算绩效管理的出发点和落脚点，着力提升地方预算绩效管理水平，同时提升基层财政综合管理水平。

## 3.3　推进我国地方预算绩效管理改革的环境分析

预算绩效管理环境对预算实践有着决定性的影响。① 准确地对预算环境进行分析，合理科学的预算绩效管理模式更有助于提高地方财政资金使用效率。

### 3.3.1　地方会计环境

当前，我国地方会计环境表现为不配套的预算会计和政府会计。两者

① 马骏．中国公共预算面临的最大挑战：财政可持续性［J］．国家行政学院学报，2013（05）．

作为衡量预算执行效果的重要手段，核心都是保证财政资金安全、高效运行。其中，前者侧重于预算事中的监管和反映，后者侧重于预算的事后评价。但是近几年来，随着我国财政管理改革的不断深入，这两项会计制度逐步暴露出诸多问题，在一定程度上影响了地方预算绩效管理改革的顺利进行。

当前我国地方政府的预算会计体系包括财政总预算会计、行政单位会计和事业单位会计三部分。但是我国这套预算会计体系不能全面地反映出预算绩效情况，主要问题包括预算会计是以收付实现制为基础，不能准确进行成本和费用核算，以及全面反映出政府负债情况，不利于绩效管理；会计核算范围较窄，难以全面反映政府资产状况。这种按照资金的实际收付来确认收入和支出的方式，导致信息披露具有局限性和不真实性。对政府财务信息反映的不全面导致地方预算编制质量降低，严重影响地方预算绩效管理改革的进程。而我国地方政府现行的政府会计制度在监管过程中，重点侧重于对资金使用合规性的审查，强调各部门是否忠诚地履行预算，对财政支出的经济效益和社会效果的绩效评估很少涉及。随着各地公共开支的逐渐增多以及公众对政府活动参与度的提高，大大提升了对公共资源的利用和支出效益的关注程度，逐渐要求对地方政府的经济效益和支出效果进行审查，但是先行的政府会计的审计以合规性为主，无法有效实施绩效考评，因此，很难把预算拨款和绩效联系在一起进行审查。

因此，重构地方政府预算环境是十分必要的。一方面，重构预算会计制度，使预算会计能够反映和监督预算执行的全过程。自2016年起实施的《财政总预算会计制度》（以下简称《制度》），对预算会计管理方面提出更具体的要求，进一步补充和完善了地方预算会计制度的不足。《制度》更系统化地对总预算会计做出规范，其核算范围从重点核算预算收支扩大到向全面核算资产负债；为保障政府综合财务报告制度改革，引入权责发生制；建立统一的财务报告体系来有效提升了政府会计信息的反应力。《制度》对提升财政财务信息质量，全面深化预算绩效管理改革、建立现代财政制度具有重要意义。另一方面，重构政府会计制度体系，在财务会计制度体系的基础上，建立政府成本会计制度体系。在借鉴国际经验的基础上，通过财政部门与项目单位或部门密切合作，以绩效考评为指导，以项目或部门的活动特征为基础，分类制定政府成本会计制度。同时，推进以权责发生制为基础的政府综合财务报告制度的改革。通过对预算会计和政府财务会计的改革，在逐步推进财政资金支出效率的提高、预算执行水平的提升以及财政风险的防范等方面，具有重要的意义。但是需要注意的是改善会计环境应采取循序渐进的方式，如果仓促地引入预算绩效管理，可能会导致预算的执行过程失控，出现执行效果无法衡量的结果。

### 3.3.2　各地外部经济环境

随着我国经济的不断发展、城镇化的持续推进、社会公众意识的提高，各地对公共产品的数量和公共服务的质量要求逐步上升，尤其是在教育、医疗、社会保障、公共安全等民生和基础设施建设方面的需求日趋上升，在这种情况下，地方财政面临着本级可支配财力增长缓慢的窘境。同时也面临着地方预算软约束的问题。在当前的预算框架下，以收付实现制为基础的年度预算很容易将政府的或有债务隐藏起来，导致地方政府债务的延期转移，增加未来经济的不稳定性，并放大地方政府债务的风险。现阶段，各地的外部经济环境复杂，其预算环境充斥着不确定性。在这种情况下，地方政府的预算预测会产生一定的误差。而各地财政收支情况的差异给全面进行预算绩效管理改革带来阻碍，因此，在实行预算绩效管理改革时，各地预算绩效管理改革路径设计需要在保持整体上趋同的基础上，又能兼容本地区的特殊情况。

### 3.3.3　地方政治环境

目前我国地方预算的政治环境存在着不确定性。从地方政府政策的角度来看，由于地方政府政策多变，预算决策会随着某一项政策的着重强调，而在该领域增加比上一年度更多的预算资金，然而，当重点不在聚焦这项政策时，该领域的预算资金会出现锐减的情况，这种严重依赖政府政策的预算具有不稳定性。这种预算环境为各预算部门带来困难，预算部门受政府政策的影响较大，同时地方政府政策的全局性、长远性、连续性对预算管理提出很大的挑战。从预算时间安排来看，存在预算编制和政府政策脱钩的情况，由于各级政府预算程序层层关联，会导致发生地方政府在中央尚未形成预算决策时已经做出本级预算决策的情况，也将导致预算制定过程和政策制定过程存在时间上错位的现象。

### 3.3.4 地方跨年度项目预算的不确定性

目前，我国存在很多超过一年期限的公共项目。这类项目的预算资金是预先被授权支付，在项目后期，对其分配资金的控制呈现不确定性。由于，我国的年度预算出现很难满足项目预算长期稳定及有效解决不确定性的两难困境，[①] 因此，需要建立一个能够同年度预算框架相结合，且在一段持续时间内，通过动态的管理来解决因环境不确定性所导致的预算效率低等情况。目前，地方政府引入预算绩效管理体系，逐步改变年度预算的局限性，需要预算部门加入长期的预算环境变化因素，对未来几年的财政收支进行预测，但是这需要预算编制、执行和评估过程更加的精准。

### 3.3.5 地方政府间责任的分摊

首先是各层级政府责任的划分问题。目前我国政府间职责划分不清，事权长期层层下移，造成中央与地方政府间事权错位；基层政府对中央政府的财政转移支付形成了高度依赖；国家政策没有考虑地区差别，存在一刀切的现象，从而导致地方政府职责“越位”与“缺位”同时存在。针对这种状况，需要对政府责任的分摊做出规范和调整，依法规范各级政府间责任关系，只有清晰界定地方政府的责任，才会使地方政府对居民的偏好作出响应，从而推进地方政府成为高效负责的政府。

其次是地方政府收入与支出责任的匹配问题。从理论角度来看，各级政府已经规范的划分应承担的责任，也拥有与政府责任相对应的预算资金。但

---

① Naomi Caiden. Public budgeting Amidst Uncertainty and Instability. Public Budgeting & Finance, 1981: 15.

从目前地方政府的情况来看，存在地方政府收入的资金与其承担的责任不匹配，或地方政府承担职责的地理位置与其筹资的地理空间不一致的情况，从而出现“免费搭车”的现象，导致成本输出或利益外溢。这种情况不利于社会资源的合理、有效地分配，会引起政府间竞争的负面效应，导致公共产出效率降低。

最后是地区间生活条件的均等化问题。由于我国不同地区的经济发展水平存在差异，导致相应的财政能力也存在差距，从而产生各地政府提供的公共物品的数量和公共服务的质量不均等的情况。

### 3.3.6　第三方参与地方预算绩效评价的内在矛盾

地方预算绩效管理具有多层面性，因此其绩效评价过程是复杂的。我国各地引入第三方绩效评价的时间不长，目前仍处于探索阶段。然而，在推进第三方参与预算绩效管理的过程中，不断暴露出一些尚未解决的矛盾。

一是立场不同的第三方评价与财政部门之间的博弈。引入第三方评价的核心任务是弥补传统的绩效评价中政府既当“球员”又当“裁判”的不足，形成有效的外部制衡机制。但是作为第三方评价的对象，财政部门不仅仅是财政支出绩效评价的对象，还是财政资金的监管者。在这种情况下，作为“当事人”的财政部门很难平衡其中的关系，很容易与立场不同的第三方评价机构产生利益矛盾。

二是财政支出效益复杂性与绩效评价指标数据获取的非可控制性矛盾。财政支出效益的复杂性体现在效益层面的多样性，包括直接经济效益和间接社会效益、近期效益和中长期效益、宏观效益和微观效益等方面。其中，对于跨度较长的项目，其社会效益和经济效益存在着滞后性。在传统绩效评价模式中，指标的建立侧重于财政资金使用的合规性以及直接经济效益的基础上，产生的绩效评价结果不够全面完整。而第三方绩效评价涉及社会效益、可持续发展、公众满意度等多方面的指标，理论上来讲，更具有科学性、完整性。然而，在实际评价过程中，对于政府数据的统计上存在部分信息缺失、失真与滞后的问题，部分信息不完备且不易获取，造成相应指标的得分准确性不足。同时，我国的公众满意度尚未达到可以依据理性表达个人偏好的水平，因此很难全面地测量。一方面，地方政府预算决策和支出安排及绩效评价等方面的工作具有专业性和复杂性，现阶段，我国社会公众的专业能力水平及认知程度不足以对其进行监督。另一方面，我国调查民意的技术手段和社会环境尚未成熟。因为各地情况存有差异以及参与监督的途径有限，导致部分地区的信息匮乏且不对称，加上社会公众的偏好较为感性化，以及公众畏于政府的权威性而“言听计从”的表现，使对公众满意度调查的实现程度有限。这几种情况不仅给第三方绩效评价工作的开展增加困难，也在一定程度上增加了第三方评价的成本，影响其评价结果的信度和效度。

三是法制制度滞后与第三方评价主体的矛盾。由于第三方在实施绩效评价时，面临着财政信息保密和道德风险的问题。目前，我国各地以财政部门的文件或通知方式对第三方评价进行规范，缺乏具体的法律法规对第三方评价的过程进行约束和保障，导致第三方评价在委托—代理关系中产生道德风险，或是未能协调好财政信息的公开和保密关系。因此，在实施第三方评价时，需要清晰地界定第三方评价涉及的信息范围，以及严格规范的程序确保第三方评价实施的独立性，在明确其业务流程、权责归属的基础上进行有效的监督。

四是绩效评价综合性和第三方机构专业性的矛盾。我国各类专项财政支出的绩效评价具有范围广、专业性强、统计难度大等特点，而第三方机构往往是某一领域的专业机构，不能完全适应对各类专业性支出指标进行综合性评价的要求。当前，我国第三方评价机构主要包括会计师事务所、资产评估机构、科研院所、社会咨询机构等。以会计师事务所为例，不同类型的会计师事务所中，人员的专业素质参差不齐，其审计质量的有效性难以保证。目前，地方层面上的会计师事务，有一部分存在内部管理不规范的情况。一方面是专业资质，一些小型的会计师事务所的注册会计师人员很少，无法保证一个项目有一名注册会计师在现场执业。另一方面，虽然每个会计师事务所都有自己形成文字的规章制度，但是往往都流于形式。因此，如何有机整合不同第三方机构的力量，来满足绩效评价的专业性、综合性、规范性，是目前急需解决的一个难题。

## 3.4 目前我国地方预算绩效管理改革的困境分析

近几年，我国地方预算管理在实践中不断改革，虽然初步构建了从绩效目标管理到评价结果应用的体系，但从完整性角度分析，各环节衔接并不够紧密，与全过程预算绩效管理的形成还存在着差距。究其原因既有主观因素，也有客观因素，主要存在的问题表现在以下 7 个方面。

### 3.4.1 部分地区对绩效理念的理解知行不一

一个新的管理观念，是基于传统理念的不断创新，综合国家发展水平，在长期实践的基础上逐步形成。要将管理理念除旧布新，不仅仅是公共管理方式上的改变，也是整个政府行为的改革。这是一个漫长的过程，需要不断地归纳总结经验，结合地方特点，制定改革措施。目前，我国地方预算绩效管理体系的发展整体上还不完善，缺少有效的外部监督，因此部分地区树立绩效管理理念时存有形式主义的现象，导致部分地区对绩效评价存在着被动应付或拖延的现象。实施地方预算绩效管理改革的前提是地方预算绩效管理观念的转变，长期以来形成的“重分配、轻管理，重支出、轻绩效”的思维方式还留存在地方部门。预算绩效管理强调以绩效为中心、对支出结果负责、对社会公众负责的思想，但由于传统的思维的根深蒂固，政府对成本和效益的考虑并不充分。尽管近几年地方政府采取多种方式和渠道进行宣传，但是仍有部分人员对预算绩效管理理念的理解知行不一。总体来看，在树立广泛而统一的预算绩效管理理念，将预算绩效管理转变成主动、自觉的行为的道路上，各地区还需要不断努力。

### 3.4.2 各地预算绩效管理水平发展不均衡

地方经济发展水平差异及对预算绩效观点认识水平不同，导致各地预算绩效管理发展情况不同。综合来看，在地方层面上，部分开展预算绩效管理工作较早的省份，已经实现了从地区试点到全省覆盖的范围。但还有部分地区预算绩效管理起点不高，各项工作进展缓慢，有些省份只在一些部门和部分资金开展试点，还有少部分省份试点范围、资金规模都很小。而在同一地区，相比于市、县层面的相对落后，省级部门的工作整体开展较快、较好，覆盖部门比较广泛，试点项目分类较多。

### 3.4.3 地方政府财政受托责任不清晰

长期以来，由于思想和文化上的差异，我国政府与公众之间、各级政府之间的关系更多强调的是法权、集权和遵从的观念。在政府预算管理中，公众和政府对委托—代理关系的认识并不充分。一方面，在公众的意识中，政府为其服务的理念单薄。作为纳税人的公众有权利对政府进行监督，并表达个人看法。但是在实践中，我国很大一部分公众并没有摆脱传统政府的强势领导，对政府和公众的关系认识存在偏差，较多地强调政府与公众之间的法权关系。政府拥有强权，而公众选择服从，这导致政府的行为缺乏有效履行受托责任的认识，因此政府和公众间的委托—代理关系失去根基；另一方面，根据委托—代理理论的关系，各级政府之间也是委托—代理的关系，上下级政府和各职能部门是整体部门的组成部分。但是长期以来，我国政府上下级之间、各职能部门间的受托责任关系定位并不是很明确，在预算管理过程中，争取最大化的预算资金、缺乏整体的绩效意识、不恰当地强调地方利益和部门利益等问题依然存在。

### 3.4.4 地方预算绩效管理体系不完善

目前，我国地方预算绩效管理的发展仍处于完善阶段，在大部分市、县层面，预算绩效管理工作还未能全面深入地展开。从体系建设的角度来看，完整、规范的地方预算绩效管理模式，需要把预算绩效管理法律法规不完善、绩效目标的管理水平偏低、绩效运行监控模式不完善、绩效评价指标体系不全面、预算执行信息披露制度不完备、绩效评价的结果反馈和应用不充分等一系列问题予以解决。

（1）地方预算绩效管理原则和法律仍需改进。

一方面是地方预算绩效管理的基本原则相对薄弱，展示的实施原则比重偏大，而执行起来很容易被敷衍。大部分的原则设计是通过规范性思考，反映出的实际操作问题并不充分。地方预算绩效管理的基本原则应该基于实地的考察，因地制宜地进行专业性分析，才能对现行改革的不足进行指导性梳理。另一方面是地方预算管理中缺乏明确的法律责任确定。我国《预算法》只是原则性地规定政府预算结构，对各级人大、政府和财政部门在预算管理中的职责权限，以及预算编审、执行的程序上的规定也只是概念性的，对不同对象的职责认定过于笼统，缺乏可操作性。

（2）绩效目标的管理水平有待提高。

我国各地推行绩效目标管理模式，实行绩效目标申报制度，虽然覆盖面较广，但部分绩效目标与项目实际相关性相差较大，不能反映出所要履行职责的目的和特点，不足以描述出部门将要开展的工作情况；同时，还存在绩效目标的编制过于简单，不够详细和具体，容易出现为争取预算资金而夸大绩效目标的情况，或是为防止不能达到预想的结果而虚报较小的绩效目标。在绩效目标评审时，绩效目标与绩效指标不能完全对应，无法充分真实地描述绩效目标的情况，导致绩效目标与预算安排的联系不紧密，未能有效发挥其前置作用和约束作用。

（3）绩效运行监控模式有待完善。

从近几年我国地方层面的实践情况来看，对绩效运行监管是预算绩效管理工作中的薄弱环节。虽然各地逐步绩效运行监控模式，但并未取得明显的效果。地方各部门对绩效过程的监控主要通过预算中期评估，对无法执行或执行效果不好的项目提出处理意见并进行调整，尚不能实现及时跟踪预算偏差的做法。其主观原因是试点部门对绩效运行监控管理工作的了解不足，缺乏全过程的沟通或沟通不恰当，导致开展相关工作的主动性和自觉性较弱。其客观原因是尚未形成全面的、完整的绩效运行监控模式。在预算执行的过程中，存有“真空期”，我国的预算年度从公历的 1 月 1 日起至 12 月 31 日，但是大部分地方政府预算的批准是在每年 3 月份，经过人大批准后才正式形成有效文件，然后经过 30 天的批复期才能够下达到地方各部门，这意味着地方每年的第一季度的预算执行并没有法律依据，出现“真空期”。这种预算制度为地方各部门第一季度的随意支出提供便利的条件，削弱了年度预算的权威性。同时缺乏有效的约束机制，对项目完成进度、阶段性目标完成情况、项目效益与预期目标偏差情况等进行阶段性跟踪管理和监督检查的管理较弱。长期以来，政府预算管理中重预算编制、轻绩效考核的现象十分严重，由于没有建立具有约束性的问责制度，虽然每年人大都会例行公事的审议、表决并通过政府预算，但对预算执行是否达到预期的效果，没有很重视。这在一定程度上刺激了预算单位对自身利益的追求，通过追加预算资金，做一些政绩工程，导致大量的预算资金的低效使用。因此，地方部门的预算制度和绩效运行监控模式有待进一步完善和创新。

（4）绩效评价指标体系不够健全。

尽管各地逐步建立比较合理的预算绩效评价指标库，但是目前建立的指标库还不能满足不同层级、不同行业、不同支出性质方面的综合、立体评价的要求。缺乏标准体系和相关案例信息数据库导致各地绩效评价缺乏统一的指导，各地绩效评价指标体系分散且无法共享。由于各地绩效评价指标不同，而且指标设置不够精细，尤其是在确定指标权重和指标标准时，缺乏科学合理的方法，使评价结果的可比性不强，影响预算绩效评价结果的公正和合理。

（5）预算执行信息披露制度不完备。

目前，我国各地的预算执行信息比较零乱、分散，来源渠道比较单一，无法通过不同渠道获得数据并进行比较印证。同时，由于披露的不及时，导致可利用率较低。一方面，财政部门的数据汇总系统尚未完善，反映的信息有限，而且由于信息质量不高，可使用的信息并不多；另一方面，地方很多部门的预算执行信息属于保密模式，各地间可共享的信息不多。各地通过预决算报告披露预算执行信息，大多是个别数据，稍微详细的是“三公经费”方面，而对绩效方面的信息很少有提及，这种公开方式并不能让公众了解预算资金使用的效率和达到的效果。

（6）绩效评价的结果反馈和应用不够充分。

目前，我国大部分地区对绩效评价结果的应用都是停留在建议层面，包括反馈情况、找出问题以及提出完善改进建议。由于没有和预算资金的安排挂钩，导致绩效评价的结果不能运用到预算编制上，没有和政府绩效评价相衔接，无法将绩效评价结果运用到政府目标考核。因此，各地虽然制定评价结果应用的办法，但受限于评价结果应用的程度，导致评价结果流于形式。因而，对相关财政支出的执行绩效及对应的责任不能产生直接的激励和约束作用，考核问责机制尚未有效实施。各地预算绩效工作的展开被限定在以项目支出绩效评价为主，对基本支出的评价很少，同时，对预算收入绩效评价也被相对忽视。因此，绩效评价并没有在一个整体范围内展开，这种情况在一定程度上影响预算绩效管理工作的全面展开。

### 3.4.5　地方预算绩效管理机构设置模糊

近几年我国各地为推进预算绩效管理工作的开展，逐步建立预算绩效管理组织机构。但是，各地的预算绩效管理组织机构的设置并不统一，且承担的职责也不相同。部分地区虽在相关科室赋予预算绩效管理职能，但不少人员身兼数职，精力分散，影响绩效管理工作的开展。由于绩效评价工作涉及多个部门，但相应的组织协调机制尚不够完善，此外，专业人才队伍建设也存在不足，现有工作人员的业务水平不能满足专业性的要求，因此，不能保证绩效管理工作的专业化进行。

### 3.4.6　地方引入第三方评价的规范化程度不够

在开展绩效评价工作时，地方政府委托独立的第三方参与绩效评价的模式并没有在各地全面展开，一方面部分地区受到地域因素的限制。本地区熟悉绩效评价工作的第三方机构偏少，而其他地区专业的绩效评价机构会因为自身问题难以跨区域承担绩效评价任务，导致当地中介机构力量薄弱，其绩效评价工作不得不集中在当地的财政部门。另一方面，由于相关部门对第三方机构专业背景和优势了解的不充分，是否能够胜任绩效评价的工作尚存疑虑。而且目前引入第三方评价机构相关的法律法规还比较缺乏，在各项经费支出规定较严的形势下，这种缺乏导致支付费用的金额存在较大不确定性，进而影响第三方评价机构的评价质量；而评价结果责任的不明确，导致一些第三方机构有所顾虑，评价保守或是不敢评价。另外，缺少对第三方评价结果的质量监控，各地对第三方机构绩效评价结果的有效性进行评估仍是难题，目前尚未形成统一的标准来衡量其评价结果的有效性和真实性。对第三方机构评价结果的检验，包括现场评价、评价工作底稿、评估问卷数据真实性等问题，仍需要进一步地改革和完善。

### 3.4.7 地方公众的参与程度较低

从我国各地预算管理的实践看，公众的参与程度和水平并不高。在预算编制的过程中，一般都是财政部门来确定，经费的数额一般不公开，公众无法知道具体的细节，因此表达意见和建议的机会甚少；在预算执行过程中，公众获得预算执行情况的信息源于政府报告，几乎没有机会参与到公共财政资源的配置、使用及其达到的效果的过程中，发言权较少；在预算评估过程中，主要的评估还是有部门内部机构组织实施，降低了预算管理的透明度，影响绩效评估的公正性。

# 4

# 国外绩效预算改革情况及经验借鉴

在经济危机的影响下，很多西方国家想要通过政府对经济的调节和干预来弥补有效需求的不足。但是传统型政府预算模式的控制能力较弱，公共资源配置和使用呈低效率趋势，导致西方国家的财政出现巨大的赤字。这迫使当时的西方政府对国家预算管理模式进行改革，在不断的探索实践中，逐步探索出以绩效为导向的预算管理模式，并取得一定的成功。无论是理论基础还是实践经验，西方国家的绩效预算对我国预算绩效管理的改革都有着深远的影响。目前，我国地方财政在资源配置效率偏低及长期发展不均衡的情况下，面临着很大的财政压力，需要通过预算绩效管理改革的不断完善，使地方部门重视财政支出效果，优化资源配置。这是目前我国地方层面面临的难题也是下一步改革方向。本章选取美国、英国和韩国三个具有代表性的国家，在对各国绩效管理改革经验分析的基础上，总结出对我国预算绩效管理改革的借鉴意义，进一步完善我国预算绩效管理体系。

## 4.1 美国绩效预算管理

美国是最早提出绩效预算的国家，成功地通过预算改革带动了政府改革。但是，美国的绩效预算改革并不是基于完全的理性构建，而是在不断摸索试错中逐步改进的。[①] 美国的绩效预算管理经历从起源探索、发展改革到成熟完善的阶段，在经济社会发展、技术手段革新和政治博弈等因素的影响下，实现了从“绩效预算”到“新绩效预算”的转变。目前，绩效预算已经成为美国政府公共管理改革的重要内容。

### 4.1.1 美国绩效预算的改革历程

第二次世界大战结束后，美国公共财政的开支重点从战争开支转向国民经济建设，此时预算管理采取总额预算的方式：只申报预算总额，不细化分

① 苟燕楠，王海．公共预算的传统与变迁：美国预算改革对中国的启示财政研究［J］．财政研究，2009（06）：78－81．

类和科目的方法，致使各层面的投入不能有效地控制。部门支出并没有实行问责制度，从而滋生政府腐败和资金浪费的现象。基于这种情况，美国开始尝试绩效预算管理。最早的绩效预算可以追溯到1900年前后的纽约市。[①] 1906年，美国纽约市政研究院（New York Bureau of Municipal Research）发表的《改进管理控制计划》报告中首次体现出“绩效预算”理念。1921年颁布的《预算与会计法》，提出分项排列式预算（Line - Item Budgeting）。此后，各级政府展开了对绩效预算的研究。1949年，胡佛委员会正式提出绩效预算的概念，并将其引入联邦政府预算管理过程中。其中，预算编制采用以功能活动和规划为依据的分类方式以取代原来简单的支出分类，并对政府执行政策的成本收益等进行评估，关注政府提供服务的效率和效果。1950年，美国国会在《预算与会计程序法案》中明确指出，相关单位在请求预算的时候要依据本单位的绩效和开支情况来帮助说明申请理由，这被作为实行绩效预算最早的开端。随后，美国制定的“计划—项目—预算”制度，代替了早期实行的绩效预算，并开始在美国国防部实施，成功地将计划制定、项目计划和年度预算编制三者紧密结合。

20世纪70年代，尼克松总统执政时期推出预算目标管理（MBO），将重点转向战略规划体系方面，主要强调绩效评价的规范化。到1977年，卡特政府时期引入零基预算（Zero - Based Budget，ZBB），即在新的预算周期对项目进行重新审视，通过论证项目的合理性来提高预算资金的使用效益。同时，国会的对关注范围也从中央层面逐渐转向联邦层面，并对联邦政府开展绩效评价展开预期。然而转变政府的关注点，对资金的关注从合规性转向使用结果有效性，这个转变需要各方参与者坚定信念的渐进推行。[②] 为此美国审计总署提出借鉴州绩效预算的实践经验，以此推进联邦政府绩效预算改革。虽然这个阶段，美国政府围绕绩效管理进行了各种预算改革的尝试，但是并没有实现预期的目标效果，不过在各种预算方法产生又被否定的过程中，绩效预算积累了有益的实践经验。

20世纪90年代，美国因为陷入财政危机的困境而再次启动绩效预算管

---

① 王秋石. 简明西方经济学［M］. 南昌：江西人民出版社，1997.

② General Accounting Office. Performance Budgeting: An Important Tool in Managing or Results. 1992 - 05 - 05.

理改革。当时，新公共管理及“重塑政府”运动为绩效预算的发展提供了以顾客为中心、注重结果的新思路。从传统模式的政府采取加强管理和成本控制来提高财政绩效的方法，转变为提高政府部门的运转效率，节约使用财政资金。1992 年，克林顿政府提出以“再造政府”为目标的改革，在很大程度上推动绩效预算的发展。美国的立法是支撑预算发展的坚实基础，同时也不断推动美国预算管理的创新。1993 年，美国国会通过《政府绩效成果法案》（Government Performance Results Act，GPRA），该法案是全球第一部关于政府绩效管理方面的法案，同时也是美国绩效预算管理的全面展开的标志。法案规定，每一个联邦政府机构必须根据部门使命制定战略计划，使部门职能及目标既能让公众了解和监督，又方便自身的控制。法案的主要目的是通过设定绩效目标，对实际绩效结果和目标绩效结果进行比较，增进联邦政府对服务质量和顾客满意度的重视，提高了对项目结果和公众的回应程度，帮助联邦政府改善服务质量，为国会的决策提供部分依据。同年 9 月，克林顿总统签署《设立顾客服务标准》（Setting Customer Service Standard），要求政府部门重点关注公共服务的有效性和质量，给予顾客选择公共服务的资源和选择服务供给方式的权利。2001 年，为提高联邦政府的整体效率，进一步改善政府的预算管理活动，小布什总统发布了《总统管理议程》，并提出在财政资金使用和其绩效评价之间建立可靠联系，以此作为政府预算资源合理分配的依据。其中涉及联邦政府机构改革内容的有：引入私人部门参与竞争资源、提高财政绩效、加强人力资本战略投资、推广电子政务系统的建设、整合预算与绩效。小布什政府认为政府预算应该以公民为中心，以结果为导向。20 世纪 90 年代，学者们将以结果为导向的预算模式称为“新绩效预算”，这也标志美国进入到新绩效预算阶段。[①] 之后的克林顿、小布什和奥巴马政府都非常重视绩效管理，不仅将绩效重心集中在结果方面，对绩效信息的分析及在管理决策中的应用也很重视，同时还关心选民们对政府的信任程度。美国通过不断创新绩效管理体系，将预算绩效的发展逐步推向新的发展阶段。

① 财政部预算司．中国预算绩效管理探索与实践［M］．北京：经济科学出版社，2013．

### 4.1.2 美国州与地方政府绩效预算管理模式

美国州与地方政府在绩效预算改革中，逐步建立完备的法律制度框架，设定了规范的绩效预算程序，推出科学的绩效评价方法，同时加强绩效信息的运用与公开的方式，逐渐取得良好的成果。其主要内容如下：

(1) 年度预算与合理的战略计划相衔接。

州和地方政府活动运行的战略计划是绩效预算管理的基础。在美国，州和政府被提供服务的前提是制订好战略计划，包括组织目标、目标的变化、达到目标所需资源、管理可获得资源的政策、资源的使用及配置。战略计划是确保组织采纳一种长期的观点来明确层次目标和活动宗旨，美国各州的战略性计划在机构层次或全州范围内发生，但是各州水平的战略计划并不相同，各州根据战略计划编制年度绩效计划，如美国亚利桑那州的斯科特斯代市发明一种把战略计划与预算过程相关联的、持续的、灵活的、可改变的有效方法（见图 4－1）。组织的战略至少每年更新一次，战略驱动预算过程，而战略又能联系到绩效预算体系上（见图 4－2），说明了战略规划和绩效预算系统中相互关联的四个阶段包括战略规划、预算编制、预算执行和绩效监控。

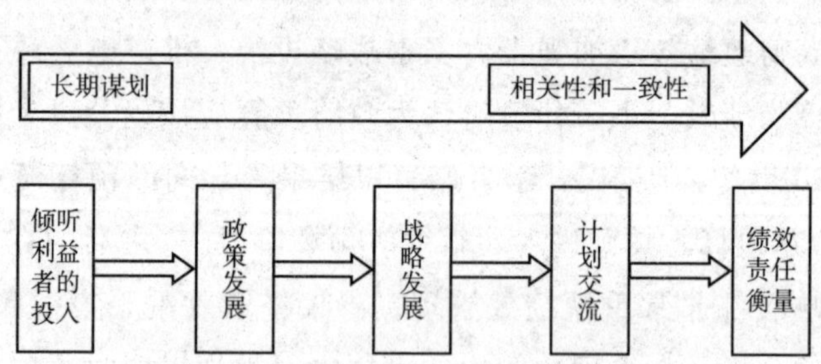


**图 4－1 斯科特斯代市的战略预算过程**

资料来源：珍妮特·M. 凯丽，威廉姆·C. 瑞文巴克. 地方政府绩效预算［M］. 苟燕楠，译. 上海：上海财经大学出版社，2007.

在将组织战略转化为实际行动方面，美国采取的方法之一是平衡计分卡的形式。平衡计分卡属于多维度的体系，最初应用在改善营利（私营）企业

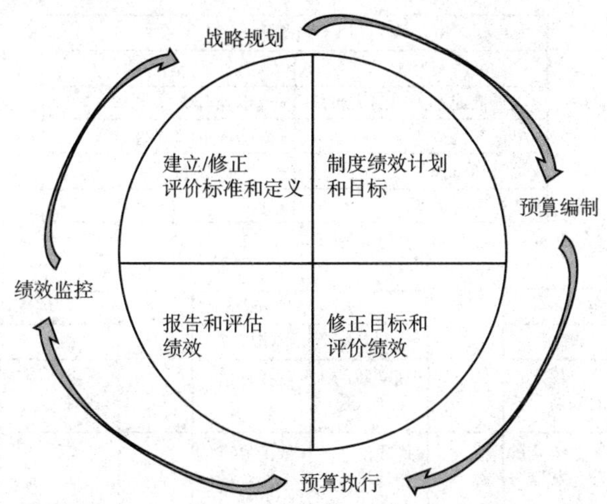


**图4-2 战略规划和绩效预算系统**

资料来源：朱春奎．政府绩效预算［M］．北京：中国财政经济出版社，2008．

的管理，后被美国联邦政府引用，开发出政府角度的平衡计分卡（见图4-3）。美国联邦政府采购制度的平衡计分卡在传统企业平衡积分卡的基础上，增加了第五个维度——员工授权层面，强调政府员工在整个过程中的核心作用；而州和地方政府在此基础上，根据自身的特点，设置绩效目标来应用平衡计分卡。如美国公共部门成功实施平衡计分卡的典范之一——北卡罗来纳州夏洛特市。当地政府从改变各个维度的名称，运用目标、指标、目标值和行动方案等术语描述战略，同时，实现平衡计分卡与预算挂钩。通过实施平衡计分卡，夏洛特市取得了不错的效果，确定了明确的绩效目标，实现预算和战略计划挂钩，改善政府管理决策以及报告成果的能力。

（2）明确合理的预算收支管理计划，设立规范的绩效预算编制。

美国州和地方政府绩效预算过程分为编制、执行和评估三个方面。① 在预算编制阶段，将绩效预算融入预算过程中，明确合理的预算收支管理计划。从四个层面对绩效预算进行编制：各部门的战略计划、年度绩效计划、以绩效目标为导向，逐层分配财政资源、汇总各部门的年度财政资源需求。美国州和地方政府采取契约形式，确保预算资源分配与绩效之间的直接联系，强化了支出结构的责任和压力。通过引入外部评审机构对各级政府部门进行绩

① 朱春奎．政府绩效预算——美国经验与中国方略［M］．北京：中国财政经济出版社，2008．

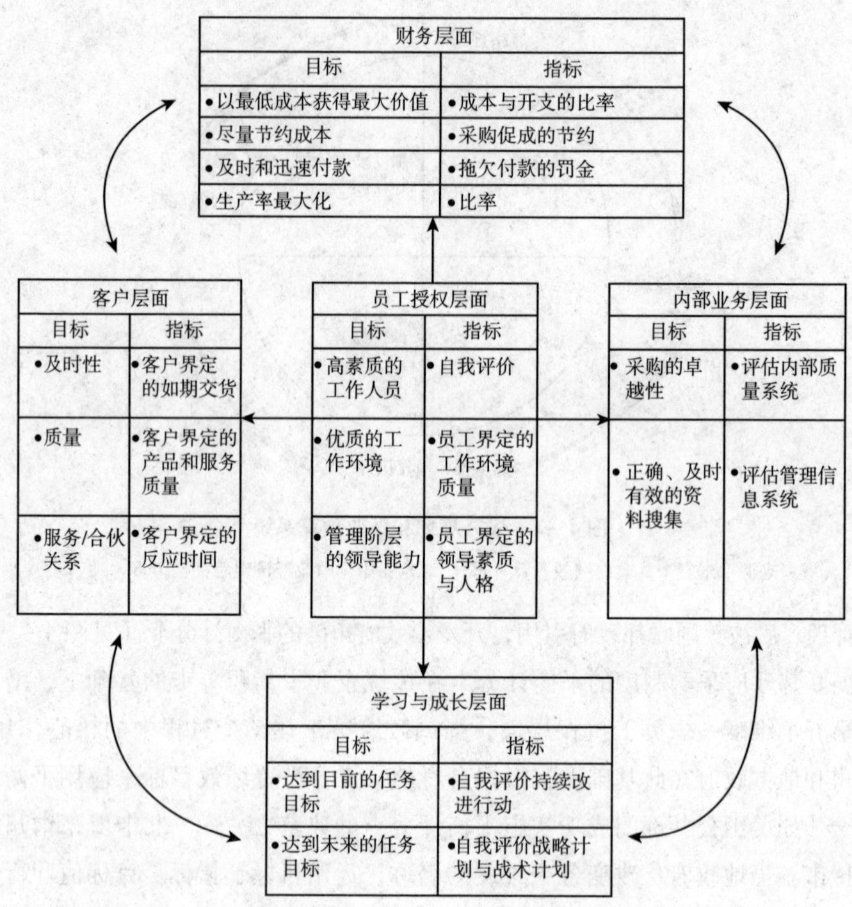


**图 4-3　美国联邦政府采购制度的平衡计分卡**

资料来源：罗伯特·卡普兰，大卫·诺顿．平衡计分卡——化战略为行动［M］．广州：广东经济出版社，2004.

效评价，促使他们以追求更高的绩效作为编制预算的出发点和落脚点。同时，在预算过程中，采用权责发生制引入完全成本的概念，把绩效和成本有机结合起来，更大力度地激励各职能部门评估自己的营运成本，同时在资源管理中赋予支出机构更多的自主权。与传统的年度预算不同，美国为了在预算编制中确定预算重点，以及有效约束各支出部门的支出需求，在绩效预算编制中引入中期支出框架，不仅增强了预算的确定性，而且能够更好地确保政府政策的连贯性，降低了因政府管理者更替而对预算和政策造成的负面影响。各政府在预算编制中列明申请的资金数额和描述该部门的目的、目标及战略规划，州议会预算委员会（Legislative Budget Board，LBB）和州长预算、规划与政策办公室（Government's Office of Budget，Planing and Policy，GOBPP）负责审理各政府机构的预算申请，并在公众听证后做出拨款建议。

（3）完善的绩效评估过程。

美国著名行政学家罗森布鲁姆指出：“如果不能评估某项活动，就无法管理它；也许更为正确的是，你评估什么你就得到什么。”[①] 1993年美国颁布的《政府绩效与结果法案》（Government Performance Results Act，GPRA）中第一次将绩效评价制度以立法的形式在法案中确立。为了在绩效评估方式设计、评价方法和评价结果运用上达成共识，美国各州的州长、州议会、政府部门三方通过协调来商议，研究有效的绩效评价方式，为建立全面的绩效评价指标，努力在各部门间创造信任感并达成共识。

一方面，以结果为导向，构建州和地方政府绩效评估体系。随着政府职能和角色的重新定位，其职能界定为公共服务的供给部门，为政府公共部门、私营部门与非营利部门之间展开竞争、创造市场动力、解决政府管理低效率问题、重塑政府角色等提供了有效途径。从政府部门管理的改革与完善的角度看，绩效评估所体现的公共责任机制主要是：保证管理人员对政府活动的结果负责、对公众负责；提高政府行政和管理能力的同时，也要保证政府管理的质量；提高公共管理的效率和效益。1997年，美国发布的《地方政府绩效评估简要指南》中，提出了实施绩效评估包括七个步骤（见图4－4）。[②] 通过建立以结果为导向的州和地方政府绩效评估体系为有效改善政府部门和公众之间的关系、加强公众对政府部门的信任感、实现更具责任心和富有效率的政府改革提供了具体路径和措施。

另一方面，绩效信息有效的整合与应用。美国地方政府还注重绩效评价信息的整合和应用。美国州审计局在战略规划和战略预算系统中负责检查绩效评价信息的准确性，以及管理层如何使用绩效信息对政府机构的运营进行管理。在对绩效评价信息准确性的审核中，州审计局首先要对绩效评价数据的有效性进行判断，然后列入审计的范围中；如果无法判别州和地方政府提供的绩效评

① David H. Rosenbloom，The context of Management Reform［J］. The Public Manager. 1995（03）.

② 张燕君. 美国公共部门绩效评估的实践及启示［J］. 行政论坛，2004（02）：87－89.

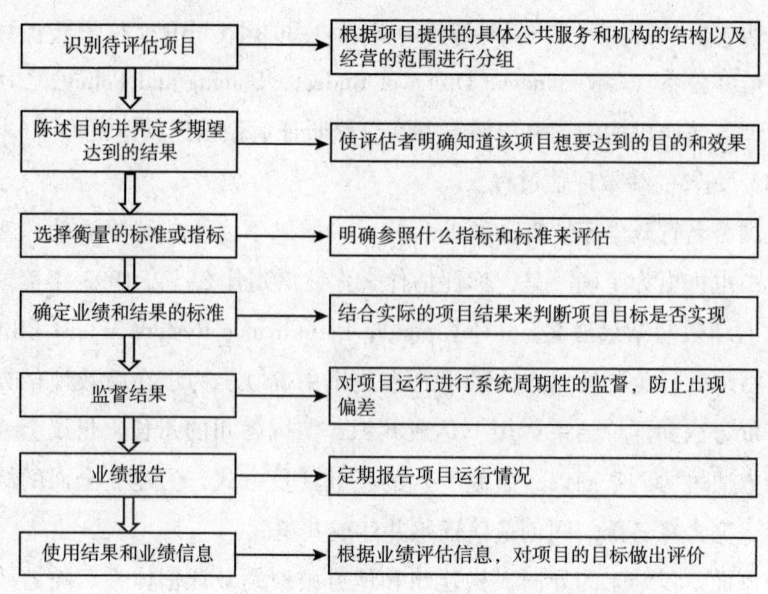


**图 4-4　地方政府实施绩效评估的七个步骤**

价结果是否属实，那么该政府将被出具“受到限制的审计报告”；在数据处理的方式上大部分采用自动操作系统的，将绩效评价数据的审计结果公开，政府机构中的不同层级会以不同的方式使用评价数据，便于各部门使用评价数据。

（4）多层次的预算监督体系。

在预算执行阶段，美国预算监督制度比较完善，监督主体具有明确分工，包括负责预算的官员、国会的专门委员会、总统预算管理办公室及相关审计机构等。例如美国人事总署在全国设有 6 个办事处，可以随时开展绩效评估工作以保证预算执行的标准性，及时客观地对各州和地方政府的考评进行指导。一般来说，州和地方政府绩效评价是按照“3E”原则，即经济性、效率性和效果性进行的。而作为独立于行政部门以外的监督机构，美国政府审计总署（Government Accountability Office，GAO）负责审查所有财政支出的应用，指导和规范美国各个层次政府的绩效审计，并出具公开的审计报告，同时赋予公众审查审计报告的权利，这种公开方式将监督范围扩展为全社会的监督，从而增加了绩效审计监督的威慑力。而国会也将根据政府绩效审计结果做出是否削减该部门下年度拨款的决定。这种绩效监督方式推动了美国问责办公室和各级政府绩效审计工作的规范化和现代化。

第三方评价机构也是美国预算监督体系中重要的组成部分，如作为非政府机构的政府会计标准委员会，是美国注册会计师协会承认拥有制定州政府和地方政府的一般会计准则权力的唯一实体；作为学术机构的坎贝尔研究所是另一个在州和地方政府中较有影响的评估机构。1992年，坎贝尔研究所发布第一份包含全美国50个州的项目绩效评估报告，引起很大的社会反响；2002年，发布包括美国40个最大地方政府的评估报告。① 在监督预算执行的全过程中，州和地方政府同时采用内部监督和外部监督：实施内部监督的主体是行政部门；而实施外部监督的主体包括独立的审计部门及第三方机构，通过建立绩效评估报告，增强各级政府绩效评价的透明度，同时将评价结果反馈到将来绩效预算编制的调整中，落实绩效评价报告的应用。

### 4.1.3 美国绩效预算改革的主要特点

（1）依法推行完善的预算管理制度保障是推动美国绩效预算管理改革的重要动力。从美国整个预算管理发展历史来看，在不同历史阶段，绩效预算改革都有相关专门法律法规的支持。从建立预算管理的框架、加强对政府预算的控制、建立以“结果为导向”的预算资金分配机制等多方面颁布了对应的法律法规。总体来看，美国的法律贯穿绩效预算管理的每个环节，为推动绩效预算管理改革奠定基石。

（2）给予预算支出部门管理者更多的权力。美国政府的绩效管理具有鲜明的分权化特征，每个部门单独制定战略规划、年度绩效计划和绩效报告，并予以实施。这种做法给予预算支出部门更多的自主权利，可以因地制宜构建出适合本部门的绩效管理体系。

（3）完整的预算编制程序，可操作性强。美国政府的预算编制过程严谨规范，且分工明确具有协调性。其中，预算编制内容范围的全面、长短期目标的有效结合以及根据项目轻重缓急来安排各项目支出能够有效避免预算过程中的盲目性，从而保证美国联邦政府的资金分配和使用效率；绩效指标根

① 张小亮．第三方政府绩效评估组织模式研究——基于公民参与地方治理的视角［D］．兰州大学，2010.

据定性和定量的分析在预算编制过程中不断改进，从而提高预算编制的质量。美国预算编制采用权责发生制为基础，在预算系统中引入了完全成本的概念，从而把绩效和成本有机结合起来；同时建立中期支出框架，保证政府政策的连贯性和有力约束各支出部门的支出需求。

（4）采用第三方机构，保证绩效评价结果的客观公正。第三方机构与政府部门间不存在隶属关系，从而不存在“体制依赖”的情况。同时无任何利益关系，因此可以不受政府部门的干预和影响，独立、客观、公平的进行绩效评价，并对绩效评价结果承担责任。

（5）注重财政信息公开，实施绩效预算报告公开的制度。将绩效管理规范和基本要求、各部门制定的战略规划、年度绩效计划及绩效报告进行公开，积极鼓励外部力量对各部门绩效成果的监督，以此来弥补财政分权所带来的管理真空。

## 4.2 英国绩效预算管理

英国是较早进行系统绩效预算探索的国家。随着绩效预算改革深入以及政府绩效改革逐步完善，英国被称为“政府行政改革最系统和最有成效的国家”。目前，英国已建立比较完善的绩效预算制度框架和运行机制，在强化政府责任、提高财政支出的效率和效果、增加政府活动的透明度、改进政府绩效等方面发挥着积极作用，将提高财政绩效管理水平与政府绩效改革紧密结合，也进一步促进绩效预算的发展。英国绩效预算管理模式同样是在不断试错、改进的过程中得到完善，研究英国绩效预算改革对完善我国地方预算绩效管理改革具有借鉴意义。

### 4.2.1 英国绩效预算改革历程

20 世纪 70 年代，英国公共部门的绩效评估被用来考核其执行能力，仅仅是初步且并不完善的改革政府配套措施。当时英国国内经济严重衰退、生产力大幅下降，导致政府财政入不敷出，而此时随着社会的发展，社会公众要求政府提供更多的公共服务，政府面临着严重管理问题的同时，政府能力也被公众质疑。基于这种情况，为减轻沉重的财政压力和债务负担，以及重拾公众的信任，英国政府将绩效预算引入政府管理改革进程中。按照政府执政的顺序，将绩效预算的改革分为三个阶段：

（1）撒切尔政府的绩效改革。

20 世纪 70 年代，在新公共管理理论的影响下，为了改进政府管理，提高行政效率以及财政资金的使用效果，撒切尔拉开行政改革的序幕，将绩效评估贯穿在改革的全过程，从而产生具有现代意义的绩效预算。

撒切尔时期的绩效改革重点是以经济效率为中心，以提高政府运行和效率为目的，包括效率评审阶段和以服务质量为重点的绩效评估初期阶段。主要包括：雷纳评审计划（Rayner Scrutiny Program）、部长管理信息（Management Information System for Ministers）、财务管理新方案（Financial Management Initiative）及下一步行动方案（The Next Steps）。

雷纳评审计划（Rayner Scrutiny Program），是撒切尔夫人执政后设立由雷纳爵士担任顾问、负责行政工作改革的效率小组。雷纳评审计划主要对政府活动的实施方案进行考虑，全面、深入地调查政府各部门的运作情况，并对政府机构的经济和效率水平进行重点评审。通过对评审结果的分析，从节省开支、提高效率和效益的角度提出对发现问题的解决方案及建议，实现公共组织效率水平的提高，同时也降低政府部门开支和运营成本。雷纳评审计划在英国的行政改革中取得了成功，并通过对政府部门产出和结果的关注，初步树立了绩效理念和成本意识。

部长管理信息（Management Information System for Ministers），是 1980 年英国大臣赫素尔廷在环境事务部率先建立的能够将规范化信息提供给部长的管理信息系统。部长信息系统通过逐步建立目标管理、绩效考评和信息反馈制度，促使英国公共部门工作效率大幅度提升，为后来绩效预算管理提供条件。

《财务管理新方案》（Financial Management Initiative），是为使公共部门树立浓厚的绩效意识，提高效率，降低公共开支而设立的。《财务管理新方案》是公共部门引入绩效评估制度的标志性事件。①

---

① 杨海林．英国财政绩效管理［J］．中国财政，2009（05）．

《下一步行动方案》（The Next Steps）是1988年伊布斯接替雷纳的内阁小组开展关于改进政府管理的评审活动时提交的《改进政府管理：下一步行动方案》中提出的，旨在对下一步改革的基本原则、具体意见和行动计划进行指导。该方案明确提出设立专门的“执行机构”提供公共服务，将传统体制下直接控制的“权属关系”转变为适当控制的“绩效合同关系”，在定期对执行机构绩效进行评审，并建立惩罚制度的基础上给予执行机构更多的自主权。《下一步行动方案》为英国公共部门管理改革找到了新的突破口，促进了绩效预算的深入发展。

（2）梅杰政府的绩效改革。

1991年，梅杰先后开展了公民宪章运动（Citizen's Charter）和竞争求质量运动（Competing for Quality），改革的重心侧重到质量、效果和公共服务。公民宪章运动与中国社会服务承诺制度相似，政府要求建立包括内部和外部监督机制的服务承诺机制，向公众做出承诺；竞争求质量运动通过市场对政府管理活动作出评估，努力提高公共服务质量和公众满意度。

（3）布莱尔政府的绩效改革。

1997年，布莱尔政府执政后，以“最佳价值”为公共服务的指导理念，对公共部门的预算支出进行全面评审，按照优先顺序重新对资源进行配置，舍弃掉了不必要的支出，改善了公共服务提供的质量；2003年，建立了包括综合评价、资源使用评价、服务评价和发展方向四个方面的“综合绩效评估”体系，对政府预算的执行进行更全面的绩效评价；2009年，建立了包括整个地方政府的绩效评价体系。近几年，英国将公众的参与作为进一步提升绩效预算管理的突破点。

### 4.2.2　英国地方政府绩效预算管理模式

（1）地方政府预算流程。

年度预算是地方政府经济政策的文件代表，而预算编制和控制是政府财政管理体系的基础，同时也是中长期战略计划的重要组成部分。英国预算一般在财政年度开始前的12个月开始准备，一个典型的英国地方政府预算编制包括四个阶段（见表4-1），通过编制预算、审核预算、调整预算以及确定最终的预算金额，分析财政支出可能对服务质量和地方税收负担的影响，最终，向社会公众公布政府服务及确定税收水平。

**表4-1　　　　政府预算编制阶段**

| 阶段 | 时间 | 编制内容 |
| --- | --- | --- |
| 第一阶段 | 4—10月 | 根据财政部门的指导性文件，地方各部门组织编制预算 |
| 第二阶段 | 10—11月 | 地方部门的预算报告提交给财政部门审核，财政部门就当地未来的财政走势及财政支出的影响进行分析 |
| 第三阶段 | 12月—次年1月 | 委员会投资研究是否通过预算 |
| 第四阶段 | 次年2—3月 | 财政部门汇总委员会最终的预算资金，向议会作出陈述报告 |

英国地方政府各部门通过每个月对照预算来监控本部门的预算资金情况实现对预算的控制，并出具预算监控报告。如果预算监控报告显示该部门的资金收支出现不利的绩效，地方政府就应该重新考虑更加合理的政策。同时，地方议会对可以在全年的任意例会上对政府部门的预算监控报告进行审议；一般编制三年滚动预算，加强战略规划与预算之间的联系，有效约束各部门通过追加预算的方式获得额外资金的行为，提高公共支出的确定性和稳定性，从而促进地方各部门将精力转到加强绩效管理方面，有效遏制各部门争夺有限财政资源的冲动；而预算编制采用以权责发生制为基础，不仅能够准确计量政府活动的成本，强化政府责任，还能够完善政府财务信息报告制度，加强政府财务信息的披露。

（2）地方绩效管理组织。

英国地方绩效管理组织是地方自治审计委员会（Audit Commission），对地方政府提交的指标测量值报告及实际成效进行查询和监督。地方自治监察机构是在1983年设立的自律性组织，委员由内阁机关任命，是独立的第三方组织。委员共17名：健康服务关系5名，地方政府关系5名，民间企业关系2名，市民服务关系2名，非营利组织关系1名，学术关系1名，财政关系1名，由5个理事会和5个部门（合作公司部门、健康服务部门、地方政府研究部门、会计监查支援部门、出版部门）和地方支部（District Audit）构成。中央部门职员大约200名，地方部门大约1100名，该组织总计约1300名。由于监查费用等自律供应，组织的经营在财政上也独立。地方自治监查机构的权限和绩效指标活动的法律根据是地方财政法（Local Government Finance

Act，1982）、NHS 和社区注意法（NHS and Community Care Act，1990）、地方行政法（Local Government Act，1992）、会计监查法（Audit Act，1996）、教育法（Education Act，1997）等。关于绩效评价则根据地方行政法决定。地方自治监察机构基于同样标准，对地方政体进行绩效指标的统一测量，并以出版的形式将其公布。此外，地方自治监查机构针对指标值较低的地方政府，继续进行后续的教育和诱导等各种努力。地方自治监察机构通过绩效指标模式的基础研究及监察委员的教育和训练等，提高了地方监察委员的品质和地方政府绩效指标的行政改革。

（3）地方绩效指标的运用。

建立完善的绩效指标体系能够全面衡量预算支出效果，因此英国绩效指标包含社会福利服务的提供、教育服务的提供、地方税的征收、居民的应对、一般年度支出总额和一般年度收入总额等领域。① 但是地方行政体要根据不同用途区分哪些是地方一般行政体使用的指标，哪些是特殊行政体要使用的指标，如在 200 户以下的规模较小的地方行政体中未使用“住宅供给”等。在中央制定出的绩效指标的基础上，各地方行政体可以基于本地区的具体情况追加个别的指标，以伦敦市纽汉区绩效预算中如何活用绩效指标为例，纽汉区政府追加了几个特殊的指标。在纽汉区，政府成本降低 5%，而服务品质的波动不高于 10% 就是最佳公共服务。因此，将绩效指标分成成本指标、效率指标、使用者（顾客）指标和社区指标四类。此外，纽汉区在进行指标综合化时也尝试从指标的得分和权重来综合得分（见表 4－2）。

**表 4－2　纽汉区绩效指标综合化举例**

| 指标总分（A） | 权重（B） | 合计（A+B） |
|---|---|---|
| 1. 单位成本 | | |
| 2. 服务单位标准 | | |
| 3. 弹性的供给体制 | | |
| 4. 地区经济利益 | | |
| 5. 消费者的喜好 | | |
| 6. 投入资本 | | |

① 郑建新，许正中．国际绩效预算改革与实践［M］．北京：中国财政经济出版社，2014.

续表

| 指标总分（A） | 权重（B） | 合计（A+B） |
| --- | --- | --- |
| 7. 资本需求 | | |
| 8. 成果适合度 | | |
| 9. 供给者的质和量 | | |
| 10. 对社区的冲击 | | |
| 11. 品质和成本的平衡 | | |
| 合计 | | 综合点 |

资料来源：郑建新，许正中．国际绩效预算改革与实践［M］．北京：中国财政经济出版社，2014.

（4）开展绩效审计，强化绩效预算监督。

绩效审计是英国绩效预算的一项重要制度，由国家审计署负责对绩效进行审计。每一个预算年度结束后，国家审计署按照财政资金的经济性、效率性和效果性，对各部门的预算执行进行绩效审计。

### 4.2.3 英国绩效预算管理改革的主要特点

（1）全面的政府绩效改革是基础，在政府有力地支持下循序渐进地推进绩效预算改革，不同于其他国家，英国绩效预算不是在立法保障的框架下进行的，而是在政府主导下循序渐进地完善。从撒切尔政府开始，政府为绩效预算管理的改革提供持续而有力地支持，将政府绩效的评估和公共服务质量的提高作为主要内容，这是英国绩效预算成功的独特之处。

（2）完善的制度和政策是绩效预算管理改革的核心。英国建立了完善的绩效预算管理制度和政策，体现出为公众服务的理念，实行以结果为导向的预算方式。其关注重点从过程转变为结果产出，促进绩效目标的实现；采用管用分离制度、政府采购制度、权责发生制会计等方式加强支出和成本管理，进一步提高绩效评价的准确度。

（3）制定以部门为主的绩效目标和评价指标。各部门基于对自身的了解而具有信息优势，因此，可以根据实际情况制定出更为合理的绩效目标，有利于化解预算管理机构和本部门在制定绩效目标时的分歧，有助于提高各部门的积极性和遵从性。

（4）部门具有较大的自主权和灵活度。预算执行过程中，在财政资金的使用方面，英国赋予部门较大的灵活性和自主权，即财政年度内允许财政资金拨转及灵活地进行资源配置。但是前提条件是，保证一年支出计划不得突破总额限制。这种给予地方政府在资金使用方面一定程度灵活性和自主权的方法，能够让支出部门根据情况的变化因地制宜的将资源配置到最优项目上，促进政府公共资源的分配效率的提高。

（5）实现评价结果的充分应用，促进政府改善公共服务的质量。英国在较为完善的绩效评价制度影响下，其绩效评价结果得到了更充分的应用。不仅可以应用到政府长期经济目标和计划的调整中，还可以作为财政部给各部门制定下一年度预算的依据，同时也能应用到各部门行政问责中，促进政府部门更好地提供公共服务。

（6）专业的人员队伍是预算绩效管理改革实施的保障。英国高度重视专业人才建设，一方面大量引入专业性人才；另一方面加强对当前机构管理者的培训，促使其成为掌握绩效预算管理框架及实践操作的专业人才，同时，建立管理者们的绩效预算理念，有力保证了绩效预算的顺利实施。

## 4.3 韩国绩效预算管理

从英国、美国、澳大利亚等国的经验看，从传统预算向绩效预算的跃迁需要几十年的时间。但是韩国在短短的几年内，就实现了这个过程，这是典型的“激进式”改革方式。我国与韩国属于亚洲国家，在政府管理及文化方面有着相似的地方，因此，其绩效预算改革的进程值得我国研究和借鉴。

### 4.3.1 韩国绩效预算管理改革背景及内容

在亚洲金融危机后，韩国出现巨大的财政缺口。一方面是社会保障的公共支出迅速增加；另一方面是经济重构削弱财政的增收水平。与此同时，韩国人口老龄化速度过快，给韩国当时已经疲软的财政带来了紧迫感。这种情况迫使韩国作出严格的财政调整，并建立财政约束机制。基于此背景下，促使韩国政府推行绩效预算改革。1999 年，韩国首次选取 16 个部门开展绩效预算试点工作。2000 年，韩国政府通过颁布《政府绩效评价框架法》，对政府绩效的原则、程序、评价机构及评价结果应用等内容进行明确，不仅强化了绩效理念，同时也促进绩效预算制度的建立。而国民要求对财政资金使用情况进行公开，在一定程度上提高财政透明度，加快绩效预算改革的步伐。随后，韩国政府借鉴美国的《政府绩效和成果法案》，以年度绩效计划报批作为初步改革的内容。2003 年，韩国引入中期财政支出框架和自上而下的预算决策机制。在各部门对绩效预算重要性作用达成共识的基础上，韩国开始全面且迅速的推进绩效预算改革。2005 年，韩国开始制定本国的绩效预算管理制度，并在适当革新美国"项目评估等级工具"（PART）的基础上，将其纳入制度体系中。同时，韩国还设立专门负责绩效事物处理的机构。2006 年，为将绩效预算改革长期化、法制化，韩国颁布《国家财政法案》（National Finance Act of 2006），该法案对各部门编制年度绩效计划和绩效报告作出了法定要求。

### 4.3.2 韩国各地实行绩效预算改革内容

目前，韩国的绩效预算包括的内容分为对绩效目标的管理、对项目进行绩效评估以及绩效评级与预算调整三个部分。

（1）对绩效目标的管理。

以《国家财政法案》为法律依据，韩国政府创新地方分权委员会下属的财政税制专门委员会，建立以"战略目标—绩效目标—项目目标"的监测体系。

其中，战略目标与部门机构的使命相对应，绩效目标与各单位下属司、局级单位的工作目标相对应，项目目标与各处的工作目标相对应。

同时，以绩效指标为中心，加强对各部门财政项目的绩效监测，以提醒人们关注没有实现预期绩效目标的项目。

（2）对项目进行绩效评估。

针对绩效目标管理中存在的绩效报告利用率不高等问题，为进一步加强绩效评价结果用于预算编制的作用，2005 年，韩国政府建立了项目自我评价制度（Self—Assessment of Budgetary Program，SABP）。项目自我评价制度借鉴美国“项目等级评价工具”（PART）的做法，以其体系为基础，采用“问题清单”的方式全面搜集掌握项目绩效信息，来评价财政项目的绩效结果，并根据项目绩效结果调整公共支出的优先顺序。每年，有关部门都会针对被筛选出的评估对象设立专门的评估小组。在战略与财务部和各业务部门的大力支持下，评估小组搜集资料、开展调查、与项目利益方进行座谈，并撰写出最终的评估报告。

（3）绩效评级与预算调整。

在各部门对项目绩效开展自我评价的基础上，规划预算部对项目开始评级，并将评级结果与预算调整相联系。韩国战略与财务部启动项目绩效评级过程。该过程力量的参与，从而保证了绩效评级过程的科学性、公平性和公正性。根据各部门报送的自我评级检查表，战略与财务部为不同项目确定了相应的绩效级别。

### 4.3.3　韩国绩效预算管理的主要特点

（1）绩效预算管理改革的道路上坚定不移，并采取激进式的方法推进改革，表现出推行绩效预算改革的决心。通过短短几年的时间扭转改革前的窘境。

（2）以项目绩效评价为主。韩国通过对项目进行绩效评价，调整公共支出的优先顺序。同时，以“问题清单”为中心，进行一定范围的自我评价制度作为对绩效评价的补充。

（3）建立工作小组，加强对改革的领导。韩国在不同层次分别建立工作小组，包括改革领导小组和绩效管理提升小组，积极推动各项改革工作。从财政资金在不同用途上的分配比例、识别开发新的绩效方法等方面推动韩国绩效预算的改革。

（4）重视借鉴国际经验。韩国十分重视 OECD 国家绩效预算的改革经验，主要以美国的绩效预算管理经验和成果为基础，为本国的绩效预算改革提供了借鉴，缩短了自我探索和实践的时间，使其在短时期内取得一定的改革成效。

（5）积极引入公众参与，并充分发挥公众参与的作用。韩国在改革的进程中采取多种方式积极邀请公民代表和媒体对绩效预算改革中存在的问题提出建议，同时鼓励他们参与到绩效评价的过程中。

## 4.4 国外绩效预算改革的评价

绩效预算在美国、英国、韩国都取得了良好的成效，将财政资金分配与政府部门的绩效更紧密地结合起来，形成了以结果为导向的预算管理方式。虽然改革历程和侧重点不同，但也有相似的观念，形成了一些共同的经验。通过对比分析发现（见表4－3），它们的改革背景都是在政府运行危机的情况下，通过绩效引领预算改革，逐步形成以结果为导向的绩效预算模式，其目的是为通过各部门的协同合作，提高资源配置，形成具有透明度、灵活性和使命感的政府。

**表4－3　　美国、英国、韩国绩效预算推行机制的比较**

| 国别 | 推行方式 | | 预算模式 | 主要的管理方式 |
|---|---|---|---|---|
| 美国 | 渐进式 | 优点：<br>有机会从试点中学习并逐步修正改革前进的方向；<br>有能力因无意的结果而调整制度；<br>能将改革的成本分摊到较长期间内；<br>能有更多时间来争取对改革的支持；<br>能有更多的时间来提高管理能力；<br>能有更多的时间给各职能部门以帮助和关心。 | 自上而下<br>分权模式 | 1. 政府的大力支持和有效的法律做保障。各国政府持续、强力推进以提高公共部门绩效为目的的公共管理改革；同时以立法的形式保障绩效预算及评价工作的规范化、制度化和经常化。<br>2. 建设有利于绩效预算的制度环境。通过鼓励各个部门提升实施效率与预算的透明度，为项目的成本、产出与结果绩效信息做出正确的报告；同时建立激励机制，让代理人与委托人的目标一致。<br>3. 设计较为完善的绩效预算运行体系。通过确立年度绩效计划、提交绩效报告、开展绩效评价、运用评 |
| 英国 | | 缺点：<br>需花费较长的时间来实施；<br>有失去改革的动力的风险；<br>有分散利益和精力的风险；<br>可能导致改革的连贯性较差；<br>可能由于限制甚至相互冲突而导致改革破灭；<br>可能要求同时维持两个预算制度。 | 自上而下<br>分权模式 | |

续表

| 国别 | 推行方式 | | 预算模式 | 主要的管理方式 |
|---|---|---|---|---|
| 韩国 | 激进式 | 优点：<br>产生变革的强有力的压力和动力，<br>能提供一个整合各项改革的综合框架；<br>能建立一个统一的预期目标；<br>能花较少的时间来实施；<br>能给各职能部门提供统一的支持和帮助；<br>能在不同利益间进行权衡。 | 自上而下分权模式 | 价结果四个步骤构建完整的绩效预算管理体系，共同服务于提高财政支出效益的目标。<br>4. 赋予部门管理者一定的自主权。为更好地实现资金用途，而赋予部门管理者较充分、较灵活的自主管理权，同时强化各支出机构的预算约束机构和预算机关监督能力，建立完善的问责机制。 |
| | | 缺点：<br>存在潜在的高风险可能导致代价高昂的错误；<br>需要强大的财力支持；<br>极高的管理和人员风险；<br>需要高层的政治承诺；<br>没有余地对个别部门进行特殊照顾。 | | |

资料来源：OECD. Performance Budgeting in OECD. OECD publishing，2007：28.

## 4.5 启示

美国、英国、韩国在绩效预算改革进程取得了很大的成效，尤其是在公共资源配置的优化、财政支出责任的增强、公共服务质量的提高等方面。借鉴其中有益的经验，通过比较分析，有利于推进我国地方预算绩效管理的发展与完善。

### 4.5.1 建立以结果为导向的中长期预算管理

将预算和部门战略规划深度结合，在制定中长期战略规划时同步制定该规划的预算及绩效报告，将中长期的工作目标、预算分解至各层级，对工作措施、支出责任予以明确。建立中长期预算平衡机制，能够更长远的对财政支出进行系统性安排，将中长期预算和年度预算有效地结合起来，实现财政预算对资金安排的合理性和长远性。

### 4.5.2 进一步提高公众参与程度

让公众了解并参与到预算编制中，使预算编制更为科学和合理。让基层民众参与到预算编制中，通过了解预算资金的使用用途对地方政府进行监督，发挥公众作为预算绩效考评主体的效力，从而对政府形成压力和动力，更好地规范了政府行为，提高了资金的使用效率和效果，有效地结合了考评结果与预算资源分配。在此基础上。近年来，我国地方群众积极参与预算过程，对地方预算绩效管理产生的影响逐步显现出来，如一些试点地区通过媒体征集公民对下一年度政府工作重点的建议，并将其纳入下一年度预算。

### 4.5.3 结合地方政府的实际情况，建立适当的问责制度

目前在我国的行政问责实践中，主要是针对产生重大事故或重大损失的行政失职和行政不作为的情况予以实施，无论是中央层面还是地方层面都没有涉及因“绩效不佳”而实施的问责。这种问责方式很容易滋生“不求有功，但求无过”的消极政绩观，也会导致政府人员忽视其真正的使命和责任，导致低绩效的后果。因此，建议在预算绩效管理引入行政问责，将绩效评价结果与部门考核、负责人考核及领导离任审计挂钩，与部门预算资金的增减挂钩，促使部门和管理者真正地对“结果负责”。目前我国尚未建立绩效问责机制，在下一步改革中，应当借鉴国外的经验，建立公务员工作激励制度，将绩效与其自身利益联系在一起，强化他们对政府预算资金的产出和结果的重视程度。

### 4.5.4 完善地方绩效评价指标体系，建立绩效管理基础信息数据库

目前，我国绩效评价体系尚未完善，导致绩效评价指标和评价结果缺乏权威性和公信力，绩效评价结果反映不出深层次的问题。与预算绩效管理发

展较早的美国和英国比较，我国地方缺少适应本地区的绩效评价体系，对有效数据的统计也缺乏全面性，因此，我国各地应该逐步完善绩效评价指标体系，建立本地的绩效管理信息数据库，结合数理统计的原则，从定性和定量的角度结合分析财政年度预算的绩效情况，为下一步推进地方预算绩效管理改革奠定基础。

### 4.5.5 重视和运用绩效评估结果，进一步完善结果应用机制

把绩效评价结果应用作为预算绩效管理工作的落脚点。将绩效评价结果运用到日常预算管理中，进一步推动绩效评价结果与预算安排有机结合，把绩效评价结果纳入地区和部门工作目标考核范围，对部门和单位由于工作失职等主观原因造成资金使用无效或低效的情况，进行绩效问责。

### 4.5.6 地方积极引入第三方评价机构，建立多层次监督体系

预算绩效管理制度的有效实施，离不开完善的监督机制。从国外的经验来看，绩效预算监督的法律、程序和主体的构成都比较完善。而目前我国地方的预算部门、财政部门和监督部门之间缺乏独立性，因此需要借鉴国外的经验，引入第三方机构客观公正的对财政资金的预算绩效做出评价。首先，从第三方评价主体的设置角度来看，其组织设置形式是专业的评估机构；其次，从第三方机构与政府之间的关系来看，需要选择独立的非政府组织，即与政府无直接利益关系的主体，包括会计师事务所、资产评估机构、科研院所、社会咨询机构等；最后，从技术层面来看，第三方机构的组成人员需要具备专业性，即由相关领域的专业研究人员构成，只有具备技术层面上的权威性，才有利于保证评估结果具有科学性。

# 5 我国地方预算绩效管理改革的思路设计

本章在理论论述、我国地方预算绩效进展情况分析以及典型国家绩效预算改革经验借鉴的基础上，提出推进我国地方预算绩效管理改革的思路，从总体目标、基本原则、实施改革的先行条件、拓展管理范围和层次、深化预算管理制度改革和健全管理制度体系等方面对我国地方预算绩效管理改革的思路进行设计，有助于厘清下一步地方预算绩效管理改革的发展方向。

## 5.1 改革地方预算绩效管理的总体目标与基本原则

预算绩效管理是一种以提高财政资金使用效益和公共支出效率、改进公共服务质量、改善政府效率为目的的预算管理模式。从我国推广试点地区经验来看，地方预算绩效管理工作逐渐步入正轨，开始全面发展阶段。但是，在实际操作中还存有一些问题需要解决。当前，我国地方预算绩效管理改革的总体目标是将绩效管理的理念和方法引入地方预算管理，从而达到提高地方收入质量、优化财政支出结构、实现预算资源配置效益最大化和效率最优化的目标，保障财政资金安全运行和高效益，进一步完善和构建服务型地方政府。

在推进地方预算绩效管理改革方面，为了全面、真实地反映改革的统筹规划，在不断健全地方预算绩效管理体系的发展中，应遵循如下原则：

### 5.1.1 科学规范、循序渐进的原则

由于地方各部门的工作存在差异性，且处于发展阶段，推进地方预算绩效管理改革需要加强规划与路径设计，充分认识地方层面预算管理的内在规律，抓住各层面各阶段发展的特点，科学规范的完善体系、形成机制，与政府绩效管理改革协同推进，为进一步完善预算绩效管理改革奠定坚实的基础。

### 5.1.2 透明公开、多方参与的原则

地方预算绩效管理改革的最终目的是实现资源配置效益的最大化以及支

出效率的最优化，推进政府向服务型转变。因此，改革需要积极引入社会监督力量，提倡多方参与的方式，实现地方预算绩效管理的透明公开，保证各部门对地方预算绩效管理工作的重视，最大限度地减少信息不对称，实现对各部门绩效目标实际情况的真实反应。

### 5.1.3 创新机制、逐步改进的原则

地方预算绩效改革是一个复杂的系统工程，目前处于起步阶段，根据试点地区的经验，仍然存有不可预见的障碍。而且，我国各地的实际情况不同，预算绩效管理改革的方式也存在差别。在下一步各地实践改革中，需要依据具体情况，不断创新机制、逐步改进现存的问题，从而推动地方预算绩效管理体制的创新。

## 5.2 推进我国地方预算绩效管理改革的先行条件

### 5.2.1 建设全面完善的法律规章制度

建立和完善与地方预算绩效管理相关的法律法规，确保地方预算绩效管理流程有法可依，这是一个长期的任务，需要在形成全面、系统的规章制度基础上，有计划地推动预算绩效管理的立法进程。强化预算绩效管理制度体系在整个国家治理制度体系中的地位和作用。而地方预算绩效管理有赖于各方面制度的配套和协同，在总结各地区经验后，逐步形成相对系统的规章制度后，对目前各地存有的与预算脱节的规划、政策、项目的制度性缺陷进行完善，为未来地方预算绩效管理营造良好的制度环境；同时，对比其他国家地方各部门的改革，构建地方预算绩效管理相关法规，从而指导和推动地方预算绩效管理的改革。

一是建立加强地方各级人大预算监督权的法律。虽然目前各地省级人大常委制定出台预算审查监督方面的法规和条例，细化了地方人大预算审查监督方面的内容和规则，但是由于预算体制等多重原因，地方各级人大使用监

督权的效果并不理想。地方人大作为监督机构虽然法律地位高，但是实际权力弱的现实情况决定了预算监督力度较弱，甚至造成了对政府预算监督的审议流于形式，预算执行变动随意的问题发生。因此，应当建立相应的法律就行使主体的权利、适用条件、内容限制、责任形式和处理程序等方面做出明确规定，具体内容包括：地方人大的预算修正权、预算否决权以及适度的问责权。

二是建立地方战略规划制度。将地方发展规划和预算管理相联系，便于政府编制年度预算并确定支出重点，有力地约束各支出部门的支出需求，使经济波动时期的支出控制更具可行性，确保政府政策的连续性，减少因政府管理人员的更替对预算和政策造成的负面影响。

三是建立地方绩效审计制度。目前地方审计机关隶属于地方统计政府，审计工作的管理模式缺乏客观性和真实性，甚至处于附属地位，造成了我国预算监督活动的整体有效性较差。按照我国的《行政监察法》中的相关规定，我国地方政府预算的监督主体中财务部门及审计部门，需要接受地方政府行政部门的领导，这就难以保证监督机构能够按照原则独立自主的进行预算监督。要保证审计信息真实可靠，需要割断审计机关与政府之间的利益连带，通过对预算项目支出的合法性、使用效率以及绩效预算的执行情况进行审计，出具预算项目执行绩效情况报告，保证政府预算绩效审计的独立性和客观性，避免对政府的绩效预算的审计流于形式。

四是设立关于绩效的法律规定。首先明确调整预算年度；其次在实施条例中补充地方预算绩效管理的内容；最后结合行政体制改革，修订相关行政法，补充完善政府绩效管理与地方预算绩效管理的内容，将预算管理绩效作为地方政府绩效管理的核心内容，并将行政问责引入预算绩效管理中。

### 5.2.2 调整地方预算权力结构

地方预算控制机制是实现灵活配置预算资源与产出责任相结合的预算管理方式。地方预算管理的核心应该是“对自己的预算负责”，对地方政府放权符合绩效预算的核心价值。在保证部门能够完全遵守财经纪律的前提下，通过赋予政府管理者较为灵活的自主权，以分散管埋代替集中管理，能够让各地政府根据实际情况实现资源的最优配置，提高了公共资源的分配效率，进而实现政策与管理的有机融合；同时强化部门管理者的责任，促使政府部门按照成本效益原则优化资源配置，提高财政资金的有效性。

### 5.2.3 明确政府间支出责任和收入划分

预算绩效管理首先强调的是预算资金产出和结果、预算支出责任和效率以及政府服务水平和质量。目前我国政府体系的设置一般是“下管一级”的配置，同质性比较高，各级政府的职责并没有明显区别，导致支出责任高度重叠，下一级政府拥有的事权几乎是上级政府事权的延伸，这种情况容易诱发各级政府事权与支出责任的混淆，造成事权与支出责任不匹配。因此，地方政府预算绩效管理要与整体改革相结合，根据中央财政对中央地方事权和支出责任的重新划分，合理界定地方层面政府的财权、事权及支出责任，建立事权和支出责任相适应的财政管理制度。通过提高一般性转移支付规模及比重、清理和规范专项转移支付、科学设置财政奖励考核指标、完善财政激励机制等方法，实现地方预算绩效管理水平的提高。

### 5.2.4 建立以权责发生制为基础的政府会计制度

国外的政府会计改革与绩效预算改革基本是同步进行的。从政府会计中得到的信息对于政府预算编制、执行、评估和报告非常重要，政府会计与绩效预算管理的一致性是推动绩效预算管理发展的关键。目前，我国政府会计对预算执行阶段发生的财政交易进行确认、计量和记录的核算流程中仍存在问题，在一定程度上制约我国预算绩效管理工作的发展。我国大部分地区的政府会计模式仍采用收付实现制，虽然可以反映出财政收支结果，但是预算绩效管理的要求是准确提供成本和费用信息。显然收付实现制难以满足这些要求，而权责发生制能够更准确地提供会计信息在实现收入、耗费资源以及负债增加的情况，更能反映出重大项目跨年度支出的资金运行情况，不会出现过多的结转下年支出或是暂付款，有利于与中长期预算规划及编制相衔接。因此，目前的任务是在一定程度上推行权责发生制为基础的政府会计制度，实现权责发生制和收付实现制的有机结合，完善地方预算绩效管理体系，更好地将预算中的各项支出与目标绩效进行对比。我国的政府会计制度的改革要采用渐进的形式，首先，可以在支出预算的编制中采用权责发生制，使管理者关注成本，从根本上重视资金使用效率，而预算监督者对预算支出的用途和去向也有更明确的了解，进一步提高财政透明度，保证受托责任的切实落实；其次，各地区可以通过部分项目试行的方法，选择适合的、易操作的项目进行尝试，逐步扭转现在以收付实现制为主的预算编制体系。

### 5.2.5 扩展当前地方预算绩效管理内容的范围

按预算资金的性质，地方预算绩效管理可分为预算收入绩效管理和预算支出绩效管理。从我国预算绩效管理发展过程看，一般先从预算支出的绩效管理做起，等条件成熟后，才准备将预算收入绩效管理纳入地方预算绩效管理的范畴。现阶段，我国地方预算收支绩效管理应该对关注范围进行扩展，如加强预算收支的平衡性，加强预算重点支出的绩效管理。一方面，我国目前各地经济增长进入平稳时期，预算收入增长也因此趋缓，而各地民生支出刚性不断加大，行政成本在预算支出中的比例也不断上升。因此，当前地方预算收支要注重质量，防止产生虚假平衡。另一方面，对预算重点支出的绩效管理要从满足公众需求的角度，结合各地区经济社会发展、财力相匹配的情况，综合考虑地方发展的长远利益。

### 5.2.6 加强对地方引入第三方评价的管理

第三方机构参与绩效评价，有利于提高预算绩效管理工作的效率和质量，但前提是第三方是处于中立、客观的角度，为保证第三方绩效评价工作的真实性，对地方引入第三方评价要加大管理力度，从而规范管理第三方机构。

首先，在选择第三方机构时，要设置考核标准，如专业人才的比重、结构，中介机构的规模、信誉等内容，确保中介机构的质量。通过鼓励研究机构、会计师事务所、资产评估事务所等机构积极参与政府绩效评价工作，加大对中介机构的培育，形成一个有效的竞争市场。

其次，建议逐步建立地方第三方机构库，通过对第三方机构的资质评定，划分出相应的等级，等级与自身信誉挂钩，同时将允许参与项目的资金规模与等级挂钩，从而有效激励第三方评价机构对信誉的重视。

最后，建立中介机构清退淘汰和惩戒机制，规范中介服务机构及从业人员执业行为，严肃查处中介机构及其执业人员违法违规行为并及时向社会公布。对于不诚信的行为，如故意提供虚假证明、出具虚假报告、违规操作谋取不正当利益等，予以降级或者取消入库资格。通过激励奖惩机制，建立完善中介服务机构信用体系和考核评价机制。

### 5.2.7　加强相关管理人员专业化建设

绩效管理是一项专业性较强的工作，相关人员业务素质高低直接影响绩效管理功能的发挥。由于地方开展绩效预算管理的时间并不长，目前预算绩效管理队伍中专业人才缺失情况严重，因此要提高参与人员的专业素养，加大相关知识的培训力度。一方面，通过组织培训、业务交流、工作调研、学习考察等形式，对预算部门和各地相关人员开展多层次的业务培训，实现技术与实践的有机融合，最大限度地发挥绩效管理的功效；另一方面，通过现代信息技术手段，创新绩效管理培训方式，采用碎片化教学方式，让其更快地提高预算绩效管理理论和政策业务水平，有效地推动预算绩效管理工作的深入开展。

## 5.3　完善我国地方预算绩效管理的制度保障体系

### 5.3.1　建立跨年度预算平衡机制

随着政府职能对财政管理要求的不断提高，以及预算绩效管理理念的不断深入，现行的预算管理制度逐渐暴露出一些问题，影响预算绩效管理体系的完善。主要表现在：一是以财政年度为周期的预算模式无法有效支持各地区中长期发展规划的实现，不利于安排跨年度工作和资金的管理，预算约束性较弱导致存在预算安排的临时性、随意性的情况，也不利于对跨年度支出项目执行情况的监督。同时，对风险预判的能力较弱，资金安排缺乏前瞻性和连续性。二是当前的预算模式不足以满足预算绩效管理的要求，采用年度预算的方式，对绩效难以在一年内体现出的项目开展绩效评价，其评价结果缺乏准确性，结果难以应用，增加了预算绩效管理难度。目前我国各地都面临着财政支出压力巨大、财政风险加剧、各项财政政策的协调统一性差、预算管理能力落后等问题，因此，改革当前的预算模式，强化绩效预算观念，编制以绩效为指导思想的中期预算，建立跨年度预算平衡机制是我国地方预算管理的重要任务。

从 OECD 国家的改革经验来看，通过实行中期预算，政府财政的纪律性加强、对未来风险的防范能力提升、财政政策的可持续性加强、政府治理的透明度提升，与政府战略规划相衔接，推进了绩效预算管理改革的进程。我国曾组织各省级政府试编地方财政发展三年滚动计划，2007 年财政部门开始建立的预算稳定调节基金具有一定的中期预算考虑。试点地区虽然取得了一些成果，但是财政支出和宏观战略匹配不够、财经纪律松弛、部门预算调整频繁、财政顺周期、预算和发展规划相脱离、预算执行进度不平衡、预算绩效评价不科学等问题，使改革距离严格意义上的中期预算目标仍有距离。从目前各地的开展情况来看，实现约束和指导年度预算有难度，建立跨年度预算平衡机制的内在要求也比较高。现阶段，我国各地存在着中期规划编制比较粗糙、项目的公共需求度和可执行性考虑并不全面、绩效目标不够细化或过于空洞、部门间的统筹协调难度大、缺乏对未来形势预测等主要问题，仍需要在下一步改革中逐步完善。

根据我国新一轮财政改革的部署，依据地方的实际情况，建议加快出台地方性管理实施办法，落实以绩效为指导思想的中期预算管理模式，推进跨年度预算平衡机制的建立。通过结合年度预算，科学编制中期预算，并对中期预算编制期限做出要求，先以编制三年预算为主，逐步成熟后，逐渐延长至五年以上。同时，加强地方各职能部门间责任和利益的调整和整合。

### 5.3.2 规范地方预算信息公开的内容和形式

预算信息的公开，有利于增强预算透明度，便于社会公众直接了解财政资金的支出效果、监督政府行为，有效地促进政府部门履行职责，提高预算资金的使用效率。近几年，我国各地方部门对预算信息的公开十分重视，逐步扩大预算信息公开内容的范围以及公开形式呈多样性。但是，距离实现预算绩效管理所要求的公开程度仍存有一定的差距，因此应该进一步规范地方预算信息公开的内容和形式，从而提高预算透明度，推进绩效预算管理改革。

一方面，扩大预算信息公开范围及深化公开内容。当前，我国部分地区对于预算信息公开的内容仍是有选择性的，并不是完全公开。很多领域和重大项目的相关公开信息并不详细，社会公众了解不到其真实的财政收支情况，很难达到预算公开应有的效果。因此，除涉密信息外，应统筹安排财政资金的公开范围，保证预算信息的完整性，其中包括绩效目标、绩效跟踪监控情况、绩效评价情况以及绩效反馈应用情况等；同时，将预算公开的信息具体化，地方财政要争取将主要收支按“款”级科目细化，条件不成熟的地方，可先对政府预算的重点支出按“款”级科目细化，从而让社会公众更大范围和更深的层次了解预算信息，便于行使监督权。

另一方面，规范地方预算信息的公开形式。首先是信息公开的格式，各地预算信息公开的格式各不相同，不统一的公开格式不利于各部门财政信息的比较。因此，应该尽量统一预算信息公开格式，促进各地区间的横向比较和各部门间的纵向比较。其次是公开的形式，要保证各地主动向社会公开预算信息，可以采用公共媒体（如政府网站、报刊、广播、电视等）、新闻发布会或政府公告等公开方式。公开的时间安排要按照经常性工作长期公开，阶段性工作逐段公开，临时性工作随时公开，涉及群众切身利益的事项及时公开的原则对信息进行不同阶段的公开，逐步建立起完善的预算信息披露制度。在此基础上，确保公开信息的真实性和有效性，实现预算执行报告的公开，逐步规范地方预算信息公开的内容和形式。

### 5.3.3 建立地方支出政策绩效评价体系

财政支出政策绩效评价是预算绩效管理改革向纵深发展的必然要求，在当前我国财政支出绩效评价工作机制还不够健全、绩效评价在预算决策与管理中的作用还未得到有效发挥的状况下，建立支出政策绩效评价体系有助于完善预算绩效管理。政策评价的内容应从政策的设计到政策执行，关注评价前期决策是否得当，后续效益能否持续发挥。

2015 年，北京作为政府政策绩效评价试点地区，北京市财政局与第三方中介机构及绩效评价专家共同总结出政策绩效评价的重点关注内容。并构建出了基于政策相关性、政策效率性、政策效益性、政策公平性以及政策效果可持续性的绩效评价框架，也被称为“五性维度”的绩效评价框架。从框架中可以看出，政策绩效评价分为两个维度：一是评价政策执行度是否合理；二是评价政策决策层设计的有效程度。多层面开展政策绩效评价突破了项目单一层面绩效评价的局限，这对于北京市绩效评价工作来说是一次质的改变。但是政策公平性评价的主观性、绩效评价“全面性”与“时效性”难以兼顾、财政支出政策内容复杂，执行周期长、政策间的负外部性影响等问题仍然存在问题。北京市作为试点地区对政策绩效评价进行初步探索，全面详细的内容还要在实践过程中不断完善。

### 5.3.4　推行地方预算过程中的民主参与

目前我国一些地方政府和地方人大的预算过程，通过预算听证会、预算民主恳谈、开展专题询问活动等多元化的方式向社会开放，接受民众的参与，但是预算过程的开放性仍然不高。民主参与是一种公众参与了解政府预算过程的方式，是对政府及预算部门“独角戏”行为的有效监督，因此，要逐步推行地方预算过程中的民主参与，采用民意调查、座谈会、论证会、听证会等多种方式让公众了解并参与预算，直接表达自己的偏好和意愿，并以此形成政府预算活动的绩效标准。

### 5.3.5　建立基于公众参与的地方政府绩效问责机制

地方政府绩效问责机制是指政府有必要在公共资源的配置、公共权力的使用、公共政策的执行结果等方面接受公众的质询或问责，让社会公众充分参与到政府治理的整个过程中。这样的做法既能保障公众行使民主监督权，又能促进政府与公众之间的沟通与互动。建立基于公众参与的政府绩效问责机制，要确立以公众参与为基础的多元化政府绩效问责主体，明确以公众需求为导向的政府绩效问责内容，开辟以公众参与为基础的政府绩效问责路径，建立以回应公众关切为宗旨的政府绩效问责的惩戒和申述机制。这种绩效问责机制并不适合直接在全国各地实行，整体推广的形式很容易缺乏针对性，因此，地方建立基于公众参与的政府绩效问责机制，要在预算绩效管理工作全面推开的基础上。现有个别省市进行试点探索，然后再整体推进，在总结各地工作经验的基础上，有针对性地建立适合本地区的绩效问责制度。

# 6 推进我国地方预算绩效管理改革的政策建议

按照全过程预算绩效管理的要求，本章从预算编制、预算执行和监督、绩效评价体系、绩效评价结果及运用四个层面进行研究。从理论角度而言，预算绩效管理的全过程中，第三方评价机构都可以参与，进而促进预算绩效管理水平的提高。然而，一直以来，无论是公众还是第三方评价机构参与地方预算绩效管理的程度并不高。因此，结合我国地方预算绩效管理全过程的考量，基于引入第三方评价的视角，针对如何系统地构建地方预算绩效管理框架体系提出有针对性的政策建议。

## 6.1　加强绩效目标的管理，提高地方预算编制的准确性

### 6.1.1　绩效目标的科学设立与质量管理

编制绩效目标主要是考虑“要做什么，为什么要做，怎么去做”等方面的问题，这是判断政府活动是否能够纳入预算的依据。因此，科学地设立绩效目标是完善预算绩效管理的前提。

首先，绩效目标的详细分解。将通过审核的绩效目标相关行动方案，从横向、纵向分解到地方各层次、各部门，明确目标的实施组织。如果在部门行动方案中存在交叉的情况，需要依靠预算绩效目标管理体系来协调不同机构的利益关系。将预算绩效目标详细分解到各部门既便于汇总各部门与绩效相关的数据和信息，也便于衡量各个部门的绩效。

其次，地方部门在申报预算时，对绩效目标的管理应该符合“指向明确、具体细化、合理可行”的原则，要和部门的战略规划保持一致，符合部门总体发展规划，具有明确的绩效范围；从数量、质量、成本和时效等方面对绩效目标进行细化，使其有具体的指导内容；同时，依据部门真实情况，客观合理的制度目标。要求部门按照“谁使用资金，谁申报目标”的原则，申报支出绩效目标，同时提交评审材料，明确阐述支出的必要性和合理性。

最后，财政部门在审核地方绩效目标时要从基础数据着手，与可支配资源相联系，还要避免绩效日标设置过低或过高的情况，形成良好的日标导向

机制，减少预算编制的随意性和盲目性，保证预算资金的正确安排，保证项目实施可以有序地进行。

### 6.1.2 提高地方预算编制的准确性

（1）恰当的编制方法。

目前，我国大部分省份的预算编制已采用零基预算的方法，但是我国采用的零基预算无论从理论方面还是实践方面都不算是真正意义上的零基预算，其本质更接近于目标预算。[①] 从实践情况分析，我国地方在实施零基预算后，会因为绝大部分专项经费无法取得，从而限制了继续推进零基预算的编制。但由于采用基数加增长的方式很难准确反映各部门的实际需要，预算安排与实际的动态管理不能同步；通常情况下，预算单位基数大的，经费开支就相应宽松，反之，基数小，经费开支就相对紧张。这种方式不是考虑支出资金的增长是否合理，而是按照每年惯例增加部分资金，从而导致资金浪费的情况，影响预算绩效管理的实施效率。因此，仍需要不断地实践探索适合我国地方预算的编制方式。当前地方可以采用混合的预算编制方法，即对基本支出采用基数加增长的编制方法，对项目支出采用零基预算的编制方法。

（2）细化部门预算编制内容。

部分地方预算编制内容不够完整、细化，项目支出的科目填报不准确，容易引起地方部门“打擦边球”的情况，如“项目支出”无项目的问题、“打包切块”资金预算编制较粗等问题。因此，地方部门在填写预算计划的时候，需要细化相关的表格，全面细致地反映部门预算活动的安排情况，实现资金与具体项目相对应，使相关部门明确部门预算中收入来源和支出的去向，防止地方部门在预算执行中随意更改资金的用途，实现预算硬约束；同时，在科目填写上，地方预算编制应反映到“项”级科目，对于没有编制到“项”级科目的部门，上级财政应该把这些科目规定为“待细化项目”，并要求预算编制部门在一定期限内提出细化方案，如果到期没有细化，财政部门可以收回预

---

① 牛美丽．中国地方政府的零基预算改革［M］．北京：中央编译出版社，2010：151.

算并重新安排，采取这样的做法能够督促预算编制部门真正细化编制。

（3）实现全口径的部门预算编制。

实行全口径预算管理既是推进预算绩效管理改革的基本前提，也是全面反映政府收支活动的必然要求。根据国家的政策方针以及新《预算法》的要求，近几年我国地方层面逐步探索建立公共财政预算、政府性基金预算、国有资本经营预算、社会保险基金预算相互衔接的政府预算体系，实行全口径预算管理。

地方层面的全口径预算编制要坚持各个部门的各项收入全部纳入预算，统筹安排各项支出，做到“量入为出、收支平衡”的原则。改变以往只将公共财政预算、政府性基金预算纳入年度预算草案的做法，使政府收支全部纳入预算。通过严格的分类将预算纳入一个完整的体系，高效、统一地管理财政资金，有利于解决部门挤占挪用资金、预算不能覆盖收支、民生支出预算完成率低等情况，也相应地简化预算的统筹层次；改变地方基于总量考核政绩的要求，控制地方无节制的扩大投资，提高资源配置的效率。通过全口径的预算编制，有利于高效监督地方政府行为及完整的信息披露，让社会公众更清晰的明白财政资金的来龙去脉；通过纳入预算管理，将债务规模控制在规定限额内的同时，将其分为一般债务和专项债务，有效控制和分类管理地方债务的规模。

### 6.1.3 建立预算协商参与机制

要建设人民满意的服务型政府，社会公众的评价是衡量政府绩效好坏的最终标准。因此，各地应该积极完善参与式预算，努力提高政府的执行力，促进公民权利、推动政府预算体制改革、真正实现社会公正。目前，在预算编制阶段，各地的预算资金分配都是由财政部门来确定，经费的数额一般不公开，导致公众无法知道具体的细节，表达意见和建议的机会甚少，因此，地方政府应该设计出平民化、透明化的参与途径以保障公民参与的积极性。一般来讲，我国参与式预算的理想模式是政府在编制预算方案时，对与公众切身利益相关的重大项目，通过媒体、报纸、电视以及网络等方式公开向社会公众征求意见。但就我国当前的情况而言，一方面，我国公民的参与意识不高；另一方面，多数的普通公民受限于专业化知识的理解程度，不足以认清公共利益实现的取向问题。因此，需要借助于人大、政府之外的“第三种力量”，建立预算协商参与机制，进而更好地参与预算，推动社会公共利益的运行。在预算编制过程中，第三方机构的参与机制主要是通过公民调查，构建本地区的需求数据库。采取设计问卷或访谈式的调查方式来收集公众的需求信息，并建立需求信息库。通过对大数据的科学性分析，进行甄选和分类，根据需求的迫切程度，剔除不合理需求，为政府的政策规划和项目制定等提供信息参考，以保障政府的决策能够体现公众需求，同时，有助于政府编制更加科学合理的预算。

## 6.2 加强地方绩效监控管理，形成有效的绩效运行报告

地方在实施预算绩效管理过程中，对预算绩效运行的跟踪监督属于事中控制，有利于及时监督各项财政资金的运行情况，既能保证财政资金按照绩效目标使用，又能保证及时纠正和削减低效率的财政支出，提高财政资金的使用效率。

### 6.2.1 推进地方预算执行跟踪监控管理

对预算运行进行跟踪监管，是预算执行过程中的重要环节。其重点是关注资金的使用绩效以及相应的产出和结果。加强对地方绩效预算执行监控，有利于保障绩效目标的实现，同时建立相应过程的考核机制，加大绩效评价的准确性。地方预算绩效运行监控的主要内容包括跟踪监控资金管理情况和财政支出效率两个方面。

首先，是对资金管理情况进行跟踪监控。资金管理包括对本级预算项目资金及上级转移支付项目资金的监控。从资金使用是否与预算资金相一致，资金用款计划的时效性，专项资金支付方式，拨付效率，资金安全性等方面监控资金是否按照计划目标进行以及是否存在损失或浪费的情况。如果出现有差异的地方，需要预算上报单位以报告形式予以说明。预算单位可以根据实际情况合理的调整预算执行的进度，但是需要将调整预算执行进度的原因

进行详细说明。而财政部门需要对调整预算执行进度的项目进行审核，严格控制预算执行过程中的随意追加现象。

其次，是对财政支出效率进行跟踪监控。跟踪监控财政支出的绩效运行比较复杂，其中不仅包括对项目实施进展情况进行总结，还包括项目执行已取得的产出成果、体现的绩效情况以及对未来产出的预计情况；同时还需要考虑外部效益，如社会效益、生态环境效益、可持续性发展等。因此，要尽可能地量化财政支出所产生的效益，才能便于权衡绩效目标实现的程度。

最后，通过将资金管理情况和财政支出效率情况汇总，得出综合评价分析。根据分析结果的具体情况，财政部门将绩效运行跟踪监控的结果及时反馈到预算单位，便于各个预算单位及时纠正偏差，同时对产生偏差的预算项目选择相应的处理办法，一种是项目本身无绩效造成的，在这种情况下，财政部门应该及时取消该预算单位的无绩效项目，避免浪费更多的财政资金；另一种是预算绩效低下是由于财政资金管理不善造成的，这种情况下，财政部门应该督促该预算单位提高财政资金管理水平。

### 6.2.2　建立重点检查及不定期抽查制度

对预算执行的绩效监控管理不能仅靠各部门跟踪监控情况和反馈的管理信息进行分析评价，要建立重点检查以及不定期抽查的制度，以“生产过程”的关键点为监控重点，对地方部门的重大项目进行重点检查；同时，对地方部门的全部项目进行不定期的抽查，以确保预算部门报送监控情况的真实性与准确性，提高绩效监控的质量，防范问题与道德风险。为保证检查结果的真实性，地方政府可以采取委托第三方机构的方式，对项目进行再次检查。为防止无序引入和评估错位，需要选择适合其评估领域且专业性强的第三方机构，这将有助于提高检查结果的权威性和公正性。

### 6.2.3　形成有效的绩效运行报告

第一个层面是定期进行预算运行的数据收集，为后续分析绩效运行情况打下基础。由于绩效运行数据涉及面广泛，对数据的处理要求也相对较高，需要在确保数据有效性的情况下尽可能量化，因为准确的数据能够真实地反映项目运行情况，才具有分析价值。通过对数据的分析整合，及时发现预算执行过程中的问题，并采取解决措施，确保各项工作向着绩效目标指定的方向整体有序地推进。

第二个层面是通过采取技术手段，对原始数据加工形成绩效运行数据。将地方绩效运行数据以层层递进式的形成绩效运行报告，然后根据绩效运行报告所提供的信息，对预算执行进行跟踪监控，及时发现并纠正偏差，防止其偏离预期的绩效目标。绩效运行报告的形成应该包括关键点的绩效运行数据信息、对相关数据信息的核实和分析情况、对预期产出和预期绩效实现程度的判断、根据绩效运行情况已采取的改进措施以及进一步完善和改进预算执行的建议等内容。① 对持续变化的绩效运行过程进行监管是一个持续性的工作，因此绩效运行报告需要反复修改。但是过于频繁的修改会导致工作量增加，也会引起基层部门的抵触情绪，不利于工作的有效开展；而时间间隔太久的绩效运行报告又不利于及时发现预算执行过程中的问题，因此，需要建立一个定期汇总的绩效运行报告，通常采用季度分析、半年小结、年终总结等方式，既可以全面及时追踪，也符合地方各部门的工作习惯。

## 6.3 构建地方预算绩效评价体系，优化引入第三方评价的模式

### 6.3.1 构建理想模式的地方预算绩效评价体系

预算绩效评价是预算绩效管理的核心，从国际经验上看，绩效评价的主体主要包括四种类型：一是由政府指导和各部门实施；二是由国会组织实施；三是财政部门组织实施；四是委托第三方组织进行。从我国国情来看，地方绩效评价主体分为财政部门、预算部门、地方人大和第三方机构。其中，财政部门和预算部门的绩效评价属于内部评价，是通过运用科学合理的绩效评

① 李海南. 预算绩效管理是适应我国国情的现实选择［J］. 财政研究，2014（03）：46－49.

价指标、评价标准和评价方法，对比最初设定的绩效目标，对预算支出产生的效果进行客观公正的评价；第三方评价属于外部评价，能够弥补政府内部评价的局限与不足，从根本上克服内部评价兼任“运动员”和“裁判员”双重角色的矛盾，保证评价结果的客观性、真实性和独立性，大大提高了财政支出绩效评价的科学性；地方人大作为国家权力机关，拥有立法权、决定权及对核心权力的监督权，作为绩效评价的主体，不仅是依法行使对同级政府财政预算执行的法定职权的延伸，也从根本上体现“一切权力属于人民”的宪政原则。[①] 如前文所述，我国现阶段财政支出绩效评价的参与者和被评价者均涉及财政部门，不可避免地存在角色冲突问题。因此，基于现实角度的考虑，建立由人大指导监督、财政部门与预算部门协同、第三方实施的评价模式应是地方预算绩效评价体系构建的理想模式。

### 6.3.2　强化地方人大监督权力，增强对预算绩效评价的监督

我国的人民代表大会制度是人民民主专政的政权组织形式，体现出“一切权力属于人民”的原则。我国地方各级人民代表大会拥有对同级政府财政预算监督的法定权力。因此，地方人大在行使对预算绩效评价监督权时，具有自身优势。一方面，地方人大的监督立场不同于政府内部，从而可以有效地解决政府内部管理实施绩效评价时的角色矛盾；另一方面，人大具有特殊的组成结构，可以通过扩大具有代表性的评价主体范围，组织社会各界的专业人士参与对地方预算绩效评价，使其拥有更为广泛的社会基础，增强绩效评价结果的公信力。但是目前，我国地方人大对政府预算绩效管理的监督，还停留在预算资金的安排和审计方面，对预算资金使用绩效评价监督重要性的认识尚不充分。而且部分地区人大的组成主体面临着专业性不足的难题，难以满足绩效评价工作复杂性和专业性的高要求。

地方人大对预算绩效评价的实质目的是为了督促政府部门对财政资金的合理配置，提高预算资金的使用效率。因此，要强化地方人大对预算绩效评价的监督权力。首先，地方人大应该修订关于执行绩效评价的条例或细则，

---

① 杨光斌．中国政府与政治导论［M］．北京：中国人民大学出版社，2006.

全面推进预算绩效评价管理，不断完善地方人大预算监督的制度性建设；其次，在地方人大中成立专门的预算审查委员会，由专业的预算绩效评价人员组成，促进地方人大落实监督权力；最后，建立全过程的监督机制，包括审议预算资金的分配、跟踪监控预算执行过程以及对项目资金的使用进行绩效评价，从而更好地实现对预算绩效评价的全面监督。

### 6.3.3 完善地方内部管理，构建执行结果的绩效评价管理体系

（1）扩展地方绩效评价的对象范围，推进绩效评价的深化。

目前，我国绩效评价已由最初的地区试点变成各地开展，由单一的评价功能扩展到系统性的管理功能。现阶段，地方层面要继续加大绩效评价的力度，拓展绩效评价的广度和深度，形成全面评价和重点评价相结合的局面。一方面，扩大地方绩效评价范围和规模，不断增加进行绩效评价的部门数量和项目数量，促进开展绩效评价的资金总量占本级财政支出的比例、占本部门财政支出的比例、占转移支付资金的比例的大幅度提高；另一方面，加大实施重点评价的力度，以部门整体支出、重大民生项目以及财政政策、财政支出结构等重点项目、重点领域为切入口，实施重点评价，重视项目或政策中长期效果的影响评价，从而提升绩效评价的质量，建立健全有效的绩效评价机制，完善绩效信息系统建设，推进绩效评价不断深化。除此之外，还应该注重预算收入的绩效管理。要统一预算绩效管理口径，包括对财政收入质量和地方政府性债务的预算收入管理以及衡量财政管理体制和转移支付制度的合理性。目前，财政部已将财政收入质量、地方政府性债务、盘活资金存量、省以下财政体制运行等纳入省级、县级财政管理绩效综合评价。因此，下一步改革应该加快思路转变，扩展地方绩效评价的对象范围，尽快统一口径，深化绩效评价管理体系，推进地方预算绩效管理的改革进程。

（2）建立全面的绩效评价指标体系。

我国地方预算绩效评价工作起步较晚，各地区发展并不均衡，因此，评价指标的设计存在着差异。一般来说，地方政府除了依据中央层面制定的评价指标，也可以根据各地区的实际情况自行设定。但是地方自行设计指标的主观性大、缺乏系统性、效益指标设计简单导致同一内容的项目因各地评价

指标不同产生不一样的绩效结果；而我国地方的自评或重点评价侧重于产出成果，产出效益指标仅包含满意度，其社会或经济效益指标评价时可操作性不强，难以量化。因此，加强地方预算绩效评价工作的前提是，在地方层面构建规范化和全面化的绩效评价体系，提高地方财政支出产生的社会效益和经济效益，促进地方政府目标的实现，从而改革地方预算绩效的管理。构建地方层面规范化和全面化的预算绩效评价体系主要包括以下内容：

①设定评价指标。按照指标能否量化，分为定量指标和定性指标。定量指标具有确实的数量属性，可以通过数量多少进行衡量，以预算支出各项财务数据和工作目标为依据，具有客观上的确定性。定性指标以客观描述和定性分析的方式为依据，具有一定的模糊性和非可比性，有助于帮助解释和衡量质量和满意度等方面的目标。

按照预算资金支出的活动过程，绩效评价指标可分为投入类指标、过程类指标、产出类指标、效果类指标。通过分解预算资金活动，选择预算资金绩效评价间接指标，全面反映预算资金实施的支出过程（见图6－1）。

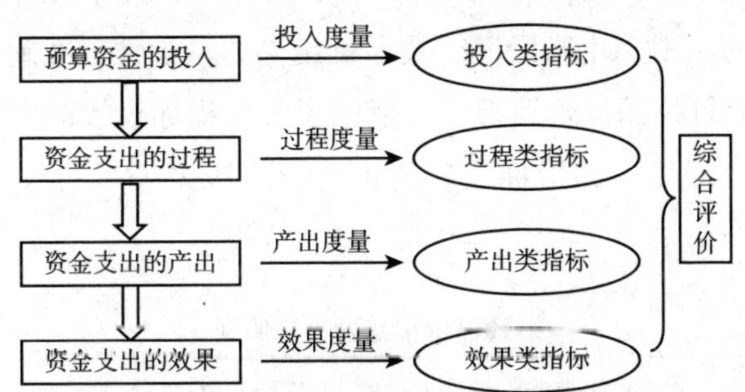


**图6－1　按预算资金环节设计的绩效评价指标构成**

按照不同层次评价对象选择具体指标。针对财政支出管理使用行为主体，可将评价指标分为部门绩效评价指标、单位绩效评价指标和项目绩效评价指标（见图6－2）形成多层次指标体系开展绩效评价工作，有利于系统全面，从多角度、多层次描述预算资金的运行情况；针对支出类型的不同，可以设置通共性指标和个性指标。共性指标是由中央层面制定，地方在进行绩效评价时，在其中灵活选取最能体现绩效评价对象特征的共性指标。地方的个性指标设置主要从经济效益、社会效益、生态环境效益、可持续性影响四个方面进行考虑。

②绩效评价指标的设定原则。地方预算绩效评价中，每一类指标中包含

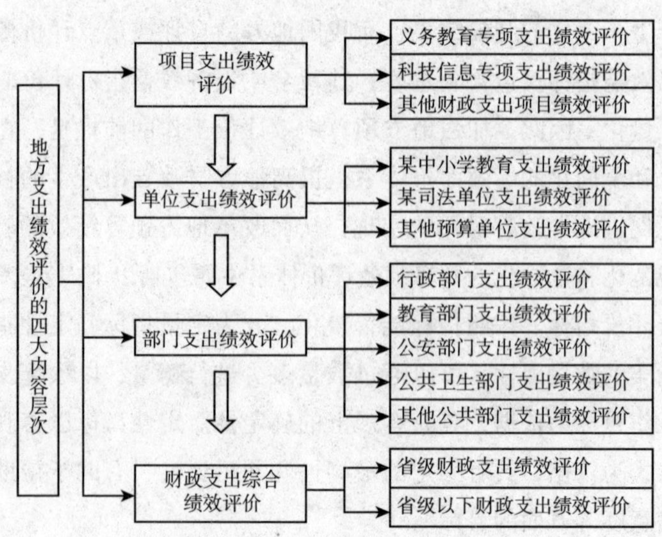


**图 6-2　地方支出绩效评价的内容层次**

许多具体指标组成，这些具体的指标在不同的评价对象中具有差别性，因此，每类指标选取对于不同的评价对象并不一样。具体评价对象在设置指标时，必须遵循一定的原则，才能保证绩效评价结果的科学性、准确性、可靠性以及全面性，达到预期的评价目标。一般来说，从指标设置的内容方面应遵循相关性和重要性原则；在指标设置的形式方面应遵循可行性和可比性原则（见表 6-1）。

**表 6-1　绩效评价指标的设定原则**

| | | | |
|---|---|---|---|
| 绩效评价指标的设定原则 | 内容方面 | 相关性原则 | 衡量指标与政府部门的目标及项目目标有直接的联系与所设定目标的优先顺序保持一致，以保证评价指标能够准确地反映被评价对象绩效目标的实现程度，以及与战略规划的相关程度。 |
| | | 重要性原则 | 根据指标在整个体系的地位和作用进行筛选，选择最具代表性、最能反映评价要求的指标，注意指标的兼容性问题，不要对指标进行杂乱无章的罗列。 |
| | 形式方面 | 可行性原则 | 在设计绩效评价指标时要做到简便易行，突出可操作性，同时还要考虑客观因素及现实条件的制约，关注数据收集的难易程度和获得数据的成本高低，保证反映绩效指标的数据等信息的可获得性，用尽量少的或收集成本低的评价指标反映尽量多的信息，避免由于数据收集复杂或者分布广泛而导致绩效评价成本过高的问题。 |
| | | 可比性原则 | 在相似目标的项目之间有共同的指标，不同项目之间的衡量结果可以相互比较。 |

### 6.3.4 完善地方预算绩效管理中引入第三方评价的制度体系

一是完善信息公开和第三方参与的法律制度。我国政府部门信息披露呈被动性，由于没有完善的信息披露法规，地方政府往往不愿公开过多信息，尤其是作为预算绩效评价的信息处于敏感状态，致使第三方评价机构在获取相关信息时存在困难。因此，建立信息公开的制度是第三方评价机构参与地方预算绩效管理的基础。但是由于存有涉及“国家机密”的信息，第三方的介入容易导致国家机密泄露，影响国家安全。对此要平衡好两者的关系，需要有相关的法律介入，对除保密信息以外的资金信息尽量公开，并明确资金信息公开的基本范式、格式，设置专项资金信息公开的最低标准；同时，优化第三方评价的法制环境，清晰界定和确保第三方评价的独立性及对其进行有效监督；而财政部门对第三方机构的委托也应当具备相应的法律要件，只是采用文件或通知方式进行约束与规范，难以树立第三方评价机构的权威性，也难以消除第三方基于委托代理关系下的道德风险，因此，需要建立具有法律约束力的法规或条例对第三方的参与绩效保障和规范。

二是明确第三方机构参与评价的范围。当前我国部分地区受到地域因素的限制。本地区熟悉绩效评价工作的第三方机构偏少，而其他地区专业的绩效评价机构会因为自身问题难以跨区域承担绩效评价任务，导致当地中介机构力量薄弱。在这种情况下，很容易出现地方政府引入“形式化”的第三方机构，出现专业不匹配的情况，从而导致绩效评价结果不准确。因此，要遵循“专业匹配”的原则，将第三方机构匹配到适合发挥其专长的评估领域，而不是无序引入和错位评估，从而妥善处理第三方参与绩效评价过程中专业性的问题。

三是强化第三方评价机构的独立性，增加公信力。第三方评价的立足点是与政府无隶属关系的立场，不仅是一种体现民主的理性评价方式，也是参与一种参与财政监督的制度化渠道。因此，在评价过程中，要充分体现出第三方的独立性，包括独立制定评价方案、独立组建评价技术团队、独立收集和分析评价信息、独立开展现场核查及满意度调查以及独立做出评价结论等方面，提高独立程度，客观公正地完成政府部门的预算绩效评价工作，同时也要让公众全面了解财政资金使用情况。

四是建立第三方储备机制和竞争机制。各地通过对不同领域、不同行业、不同专业的预算绩效管理专家学者库和中介机构库，实行科学分类，分建共享，优胜劣汰以及动态管理的原则。地方可以考虑在省、市两级政府中建立符合绩效评价工作的第三方机构库，以招投标的方式在参与投标的第三方机构中合理的选择，从而既降低委托的成本。同时积极鼓励会计师事务所、资产评估、行业咨询等中介机构的参与。通过对第三方评价机构专业资质的审核，将符合法定要求、组织作风优良的第三方组织纳入第三方机构库，剔除出现过诚信问题、欠缺专业资质的中介机构。在第三方组织储备库建立健全的基础上，以“择优”为原则构建第三方评价组织的竞争选择机制，促使第三方不断提高自身的能力，从而提升第三方机构库的质量。但是，现阶段有能力承担整体委托评价的第三方机构数量并不多，导致竞争机制的运行缺乏现实基础。

五是构建第三方评价机构的质量监控机制。现阶段，对第三方评价工作的监督仍处于粗略形式，缺乏规范性、常态化及对其评价质量的控制等。一方面，财政支出种类繁多且涉及面广、专业性强，评价过程工作量大难免细碎烦琐，且第三方在评价方式、流程上具有很强的自主性；另一方面，我国尚未建立监督第三方评价的机构。因此，要建立监督第三方评价机构行为，以及评价第三方评价质量的机构，可以从审计部门或专家学者选择具有专业性的人员对第三方评价机构进行监督。同时，建立人大、纪检监察、审计部门、专家学者、群众代表综合的监督人员库，定期实施绩效评价报告质量的评审，考核和通报，确保工作质量。并在第三方机构库中建立公开透明的第三方评价机构信誉档案，从而约束第三方评价机构的行为，保证评价结果的客观有效。

## 6.4 完善绩效评价结果反馈机制，构建有效的结果应用体系

### 6.4.1 加强绩效评价结果的反馈

绩效评价结果源于财政部门、预算部门以及第三方评价机构，绩效评价

结果管理的主要环节包括评价结果反馈和评价结果应用两方面。建立绩效评价信息反馈机制首先就要明确绩效评价信息反馈的对象，包括预算执行单位，财政部门、人大以及社会公众（见图6－3）。一方面评价结果要反馈被评价单位，让其知道“结果”，找出资金使用和管理中的薄弱环节和存在的问题，从而有针对性地制定改进措施，完善预算绩效管理；同时作为单位相关责任人的考核依据以及下一次预算资金分配的依据。另一方面，增进公众对政府的理解，加强对政府行为监督。

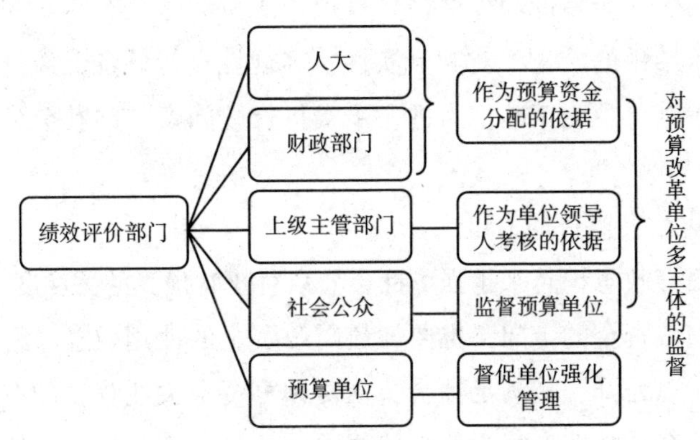


**图6－3　绩效评价结果反馈对象的不同应用**

建立绩效评价结果反馈和应用机制有利于提高预算部门和财政部门的绩效管理水平。通过对绩效评价结果的分析，有利于帮助分析单位在预算绩效管理工作的不足；有利于财政部门检查预算绩效管理机制的运行情况，分析管理制度、流程、手段等方面的不足；有利于分析社会公众的满意程度。在建立绩效评价结果反馈和应用制度的基础上，逐步完善绩效评价结果管理，增强约束力和透明度，改进管理，明确责任，以评价结果的应用“增效”，促进预算绩效管理改革。

### 6.4.2　完善绩效评价结果的公开体系

将评价结果作为地方政府及其部门履行目标实现情况的重要反映，与绩效审计结合，并积极引入社会监督力量，完善绩效评价结果的公开体系，迫使政府部门更加重视预算绩效管理工作，有利于财政支出绩效的提高。

（1）促进绩效审计工作的开展。

绩效评价和绩效审计是政府绩效评价体系的两个子系统，共同对财政资金的筹集、使用进行管理和监督，前者侧重于管理，后者侧重于监督。一直以来，审计部门作为监督政府财政资金使用和管理的独立部门，按照保证合规性和安全性的传统观念对政府财政资金进行监管。目前，审计部门按照政府绩效管理的要求，将其职能转为以合规性、安全性、有效性并重的绩效审计。通过结合财政部门、预算部门的绩效评价信息，进行有重点、有目的的复核和评价，进一步降低预算部门在自评中的机会主义行为，同时也有效复核第三方评价结果的质量，对其真实性、客观性进行验证。经过绩效审计得出的绩效评价结果更为精准，为进一步实行行政问责和向社会公开提供了可靠依据。

（2）强化社会监督的力量。

随着公民参政意识越来越强，社会公众对政府预算的关注度也越来越高，不仅要知道财政资金的走向，也要知道财政资金的使用效益。将财政支出绩效评价结果予以公开，是满足社会公众对预算资金关注程度的有效方式，同时也是社会公众监督政府行为的必然要求。通过采用包括政府编制绩效评价结果报告放在主要的网站上，定期发布完结项目的绩效评价报告，邀请公众参与政府相关会议等不同的方式将绩效评价结果公开，可以让公众更加了解政府的支出活动，有利于消除公众的一些误解，增进公众对政府的理解和支持。在这个过程中，对于专业性强、不易理解的领域，可以通过第三方机构的“科普”，将复杂的数据和评价结果用浅显易懂的语言向民众传达，这不仅可以有效地监督容易滋生腐败的领域，同时，也是一种利用社会公众的舆论监督力量迫使政府部门更加重视预算绩效管理工作，提高财政支出绩效的途径。

### 6.4.3 完善绩效评价结果应用的主要措施

（1）建立问责机制，与政府绩效考核相结合，提高评价结果应用的权威性。

建立问责机制，充分利用绩效评价的结果，将预算绩效结果与政府绩效考核相结合，对预算绩效较差的单位或负责人保持追究的责任。通过把预算绩效问责作为行政问责的核心，从而建立相关的问责条例。在条例中应明确问责主体、问责范围以及问责程序等内容，对不同的责任标准制定不同的追究办法。因个人利益原因造成本单位预算无绩效或低绩效的，应承担严重的惩罚，并与其行政升迁挂钩；因预算单位整体原因而造成预算无绩效或低绩效的，应考虑在下一年预算资金安排中，予以减少一定的比例。但是，目前由于我国各地情况并不相同，这种绩效问责机制并不适合直接在全国实行，整体推广的形式很容易缺乏针对性。因此，在地方预算绩效管理工作全面推开的基础上，先部分试点后整体推广的方式有利于建立起针对本地区的绩效问责制度。这种将绩效结果与预算决策结合、预算绩效结果与政府绩效问责结合的考评方式，提高了我国地方对绩效评价结果的应用程度。

（2）建立激励机制，采用竞争性分配方式，提高资金的使用效益。

通过建立绩效管理的激励机制，充分调动部门开展预算绩效管理工作的积极性，提高财政支出效益。竞争性分配方式作为提高财政资金使用绩效的一个手段，在赋予地方政府自主权的同时，提供了使地方政府追求支出绩效的激励。与传统的财政资金分配方式相比，竞争性分配是从强调部门办事的责任出发，约束并激励部门多办事、多办好事。“按需分配”被“按绩效办事”取代，成为一种新的分配理念，让财政分配权重新回归到财政，形成了新的财政资金分配机制，将财政资金分配和使用的制约机制、监督机制、责任机制一一进行落实，每个环节都讲求绩效。目前，我国已有一些省份在专项资金分配管理环节引入竞争机制，通过招投标等竞争方式，改变了资金的分配形式，由原来的单项审批转变为选拔性审批，分配对象也从原来的“一对一”转为“一对多”。这种“多中选好、好中选优”的项目选择机制有效地提高了我国地方财政专项资金的分配和使用效益。建立激励机制，采用竞争性分配方式使得部门的用钱更加规范、科学。随着改革的深入，财政和部门单位的和谐分配关系必将建立，而这最终将会带来财政资金使用效益的提升，促进社会经济效益最大化，实现财政部门、职能部门、经济社会等多方共赢的局面。

# 7 结论与展望

预算绩效管理改革不仅是一个财政问题，更是一个政治问题，推进预算绩效管理改革，需要从改变政绩考核导向等根本上进行变革，这就要求地方预算绩效管理与地方政府绩效管理要有效结合。目前我国地方预算绩效管理源于绩效预算的理念，在不断发展与探索中形成了有中国特色的地方预算绩效管理体系。我国地方政府正处于向高效服务型政府转型中，要加快政府职能的转变、树立政府权威性的重要方式是正确地履行社会管理和公共服务职能，合理地将财政资金分配在社会事业和解决民生的问题上。因此，基于提高资金管理效率，降低管理成本，提供优质、高效的公共服务的考量，建立完善的地方预算绩效管理体系是我国地方层面的首要任务。纵观全书所述，可以得出以下几个结论：

结论一：地方预算绩效管理是预算管理与绩效管理相融合的实践，适应了预算管理的发展要求。推进地方预算绩效管理是建设高效服务型地方政府，是完善政府绩效管理的最佳途径，是提高财政资金科学分配和有效使用的重要手段，也是完善财政管理体制的必然需求。

结论二：在地方预算绩效管理的实践中，从财政角度来看，地方预算绩效管理是缓解地方财政收支矛盾，提高支出绩效水平的重要手段；从社会角度来看，地方预算绩效管理是改善和保障各地民生的重要依据；从政治角度来看，地方预算绩效管理是实现地方政府执政合法性的重要路径。

结论三：地方预算绩效管理是绩效预算与我国国情相结合的创新，形成了独具特色的体系内容。国外绩效预算在长期发展进程中形成了丰富的理论基础与有益的做法，但是我国不能简单抄袭国外的绩效管理模式，需要根据我国各地区的具体情况，引入国外的成熟做法，形成科学合理的预算绩效管理体系。

结论四：地方预算绩效管理改革的推动离不开法律保障、政治保障和制度保障，因此，推进我国地方预算绩效管理改革的战略要建立在多层次和更深领域的基础上来推进和完善地方预算绩效管理的运行机制。

结论五：采取引入第三方评价的方式能够有效来弥补我国地方政府内部评价的局限性，确保绩效评价结果的客观性和独立性，同时它作为一种监督手段和治理模式，能够提升地方政府执政的能力，有助于深化地方预算绩效管理的改革，为建设透明、高效的服务型政府奠定基础。

地方预算绩效管理的发展通过总结试点地区的经验，在全国各地开始逐步探索着推进。对地方预算绩效管理的正确认识与科学判断，有助于我们在现阶段工作的基础上，对我国地方近期重点和未来方向、完善框架与改革路径上做出前瞻性预测。今后和未来的一个时期内，对我国地方预算绩效管理改革发展的展望是：

展望一：当前阶段，建立良好的政治环境，树立正确科学的绩效理念。

展望二：短期阶段，构建全面的地方预算绩效制度，推进机制创新，形成较完善的制度体系，创造良好的机制环境，为绩效预算做好铺垫，建立一个过渡地带。

展望三：中长期阶段，根据各地政府的实际情况，在预算绩效管理的思路和体系框架设计上做出更多改进，逐步在技术层面和制度层面健全预算绩效管理体系。

展望四：以完善的法律法规、完全独立的运行过程、健全的监督机制为依据，充分有效地引入第三方评价，推动地方预算绩效管理工作的深入发展。

展望五：未来阶段，完善地方预算绩效管理体系，将预算绩效管理推向全新的发展阶段，推动全方位的系统改革，全面实施绩效预算，形成法制健全、制度完善、机制科学、体系完备、配套到位的中国绩效预算模式。

# 参考文献

[1] [美] A. 普雷姆詹德. 公共支出管理 [M]. 王卫星, 等, 译. 北京: 中国金融出版社, 1995.

[2] [美] 艾伦·希克. 联邦预算: 政治、政策、过程 (第3版) [M]. 苟燕楠, 译. 北京: 中国财政经济出版社, 2011.

[3] 白景明. 全面认识绩效预算 [J]. 中国财政, 2009 (24).

[4] 白文杰. 财政支出绩效评价内涵解析 [J]. 地方财政研究, 2011 (01).

[5] 白晓荣. 绩效导向预算改革研究述评 [J]. 中国信息管理化, 2015 (05).

[6] 包国宪, 董静, 郎玫, 等. 第三方政府绩效评价的实践探索与理论研究——甘肃模式的解析 [J]. 行政论坛, 2010, 17 (04).

[7] 包国宪, 张志栋. 我国第三方政府绩效评价组织的自律实现问题探析 [J]. 中国行政管理, 2008 (01).

[8] 鲍静, 李春. 第三方参与财政专项资金绩效评估的理论基础与制度设计 [J]. 行政论坛, 2014 (06).

[9] 鲍啸鸣. 我国地方预算绩效管理改革研究 [D]. 江西财经大学, 2015.

[10] 财政部财政科学研究所《绩效预算》课题组. 美国政府绩效评价体系 [M]. 北京: 经济管理出版社, 2004.

[11] 财政部国际司. 意大利绩效预算改革对我国预算绩效管理工作的启示 [J]. 经济研究参考, 2013 (18).

[12] 蔡红英. 政府绩效评估与绩效预算 [J]. 中南财经政法大学学报, 2007 (02).

[13] 晁毓欣. 我国对财政绩效评价的认识深化、现存问题与完善思路——基于投入产出表和损益表的模拟测算 [J]. 地方财政研究, 2013 (06).

[14] 陈宏彩, 高抗. 群众评议政府绩效: 制度困境及其超越——以温州市为个案 [J]. 行政事业资产与财务, 2010 (02).

[15] 陈晶璞. 基本公共服务财政支出绩效评价体系研究 [J]. 燕山大学学报, 2011 (09).

[16] 陈莉. 国外绩效评价方法对我国财政支出专项资金绩效的启迪 [J]. 企业研究, 2013 (18).

[17] 陈穗红. 以产出和结果为导向的绩效预算管理改革国际经验与我国预算管理改革 [A] //财政形势与政策研究 [C]. 北京: 中国财政经济出版社, 2003.

[18] 陈钰. 宋卫国. 中国创新绩效评价及启示——基于国际比较视角 [J]. 科技进步与对策, 2015 (02).

[19] 陈志斌, 童谣. 政府会计信息对政府绩效评价的影响机理研究 [J]. 商业会计, 2015 (03).

[20] 陈志斌. 澳大利亚政府绩效预算管理及借鉴 [J]. 中国财政, 2012 (09).

[21] 程艳. 浅议财政支出项目引入第三方评价的问题及对策 [J]. 会计师, 2013 (03).

[22] 邓毅. 绩效预算制度研究 [D]. 华中科技大学, 2008.

[23] 邓毅. 深化预算绩效管理改革的建议 [J]. 中国财政, 2011 (23).

[24] 杜婷婷. 财政支出绩效第三方评价研究——以广东为例 [J]. 财经界 (学术版), 2013 (14).

[25] 葛蕾蕾. 多元政府绩效评价主体的构建 [J]. 山东社会科学, 2011 (06).

[26] 苟燕楠, 王海. 公共预算的传统与变迁: 美国预算改革对中国的启示财政研究, 2009 (06).

[27] 郭智. 韩国推进绩效预算改革的经验做法 [J]. 中国财政, 2013 (15).

[28] 胡晓东，刘兰华. 美国联邦政府公务员绩效评价及其启示 [J]. 中国行政管理，2012 (02).

[29] 胡奕明，樊慧，刘纯，等. 对我国政府绩效评价体系的调研与分析 [J]. 审计研究，2011 (06).

[30] 黄严. 新 LOLF 框架下的法国绩效预算改革 [J]，2011 (04).

[31] 贾康，白景明. 绩效预算与政府绩效评价的要点 [R]. 财政部财政科学研究所研究报告，2005 (07).

[32] 江中亮. “融合”是预算绩效管理之根本 [J]. 地方财政研究，2013 (06).

[33] 景宏军. 地方政府引入绩效预算的理性思考 [J]. 地方财政研究，2015 (01).

[34] 匡小平，鲍啸鸣. 我国地方预算绩效管理分析与建议 [J]. 现代经济探讨，2013 (07).

[35] 兰州大学中国地方政府绩效评价中心课题组. 兰州试验：第三方政府绩效评价新探索 [J]. 上海城市管理职业技术学院学报，2005，14 (03).

[36] 蓝志勇，胡税根. 中国政府绩效评估：理论与实践 [J]. 政治学研究，2008 (03).

[37] 李春，王千. 政府购买养老服务过程中的第三方评估制度探讨 [J]. 中国行政管理，2014 (12).

[38] 李栋林. 财政视角下的新型城镇化建设绩效评价机制研究 [J]. 山东社会科学，2015 (07).

[39] 李海南. 预算绩效管理是适应我国国情的现实选择 [J]. 财政研究，2014 (03).

[40] 李杰刚，徐卫. 加拿大分级绩效预算管理模式及启示 [J]. 中国财经信息资料，2011 (04).

[41] 李燕，王宇龙. 论绩效预算在我国实施的制度约束 [J]. 中央财经大学学报，2005 (06).

[42] 李毅，白志平，智荣卿. 全过程预算绩效管理的理论与实践探索 [J]. 经济研究参考，2011 (64).

[43] 李章宏. 构建我国绩效预算管理体系的思考 [J]. 时代报告：学术版，2010 (12).

[44] 刘寒波. 结果导向的绩效预算 [M]. 长沙：湖南人民出版社，2015.

[45] 刘明园. 我国地方政府绩效预算管理问题与对策研究 [D]. 南京师范大学，2012.

[46] 楼继伟. 建立绩效预算体系夯实基础 [N]. 中国财经报，2004-6-30.

[47] 卢静. 论财政支出绩效评价体系之构建 [J]. 现代财经，2005 (05).

[48] 卢扬帆，卞潇，颜海娜. 财政支出绩效第三方评价：现状、矛盾及方向 [J]. 华南理工大学学报：社会科学版，2015 (01).

[49] 罗伊·T. 梅耶斯：公共预算经典（第1卷）——面向绩效的新发展 [M]. 上海：上海财经大学出版社，2005.

[50] 吕炜，王伟同. 中国公共教育支出绩效：指标体系构建与经验研究 [J]. 世界经济，2007 (12).

[51] 吕昕阳. 典型发达国家绩效预算改革研究 [M]. 北京. 中国社会科学出版社，2011.

[52] 吕昕阳. 西方发达国家绩效预算改革实践及其面临的问题 [J]. 财会月刊，2009 (24).

[53] 吕昕阳. 英国绩效预算改革研究 [J]. 经济研究导刊，2011 (22).

[54] 马蔡琛，冯振. 政府预算绩效评价中专家评价的行为经济学分析 [J]. 经济纵横，2014 (01).

[55] 马蔡琛，童晓晴. 我国公共预算绩效管理的政策选择与制度框架 [J]. 广东技术师范学院学报，2005 (03).

[56] 马蔡琛. 中国公共预算管理改革的法治化进程及其路径演化 [J]. 复旦公共行政评论，2008 (01).

[57] 马国贤. 论预算绩效评价与绩效指标 [J]. 地方财政研究，2014 (03).

[58] 马国贤. 我国绩效预算指标体系建设研究 [J]. 财政监督，2007 (12).

[59] 马骏，赵早早. 公共预算：比较研究 [M]. 北京：中央编译出版社，2011.

[60] 马骏. 中国公共预算面临的最大挑战：财政可持续 [J]. 国家行政学院学报，2013 (05).

[61] 马亮，于文轩. 第三方公共服务绩效评价的评价：一项比较案例研究 [J]. 南京社会科学，2013 (05).

[62] 茆英娥. 地方政府一般预算绩效评价指标体系的构建 [J]. 财经论丛，2007 (05).

[63] 苗慧，刘凤朝，王元地. 辽宁省财政科技投入效率评价研究 [J]. 中国科技论坛，2013 (03).

[64] 母天学. 对美国政府绩效考评活动的考察 [J]. 行政论坛，2001 (09).

[65] 牛美丽，马骏. 新西兰的预算改革 [J]. 武汉大学学报（哲学社会科学版），2006 (06).

[66] 牛美丽. 中国地方绩效预算改革十年回顾：成就与挑战 [J]. 武汉大学学报，2012 (06).

[67] 牛美丽. 中国地方政府的零基预算改革 [M]. 北京：中央编译出版社，2010.

[68] 乔久华，鲁春艳，宋恬静，等. 财政支出绩效评价方法研究 [J]. 江苏商论，2014 (01).

[69] 任晓辉. 美国联邦政府的绩效预算改革历程及启示 [J]. 财政监督，2012 (13).

[70] 任晓辉. 预算绩效信息应用的经验借鉴与模式选择 [J]. 财政监督，2014 (11).

[71] 宋健敏，丁元. 绩效评估对政府预算决策的作用与局限：对布什政府项目评级工具（PART）的实证分析 [J]. 中国行政管理，2010 (09).

[72] 托马斯·D. 林奇. 美国公共预算 [M]. 北京：中国财政经济出版社，2002.

[73] 汪建华. 预算绩效评价指标体系构建 [J]. 高教发展与评估，2010，26 (06).

[74] 汪玉凯. 公共管理与非政府公共组织 [M]. 北京：中共中央党校出版社，2003.

[75] 王海涛. 推进我国预算绩效管理的思考与研究 [M]. 北京：经济科学出版社，2014.

[76] 王秋石. 简明西方经济学 [M]. 南昌：江西人民出版社，1997.

[77] 王绍光. 多元与统一第三部门国际比较研究 [M]. 杭州：浙江人民出版社，1999.

[78] 我国推行财政支出绩效考评研究课题组. 我国推行财政支出绩效考评研究 [J]. 经济研究参考，2006 (29).

[79] 徐建中，夏杰，吕希琛，等. 基于"4E"原则的我国政府预算绩效评价框架构建 [J]. 社会科学辑刊，2013 (03).

[80] 徐绍刚. 建立健全政府绩效评价体系的构想 [J]. 政治学研究，2004 (03).

[81] 亚洲开发银行. 政府支出管理 [M]. 北京：人民出版社，2001.

[82] 杨光斌. 中国政府与政治导论 [M]. 北京：中国人民大学出版社，2006.

[83] 杨海林. 英国财政绩效管理 [J]. 中国财政，2009 (10).

[84] 杨京星. 财政支出绩效评价体系的构建 [J]. 财会月刊，2004 (12).

[85] 杨雅琴，刘美岑. 绩效预算的国际借鉴及改革路径 [J]. 地方财政研究，2013 (06).

[86] 于爱晶. 财政支出绩效管理的国际比较及启示 [J]. 财政研究，2006 (06).

[87] 张海燕. 地方政府公共支出预算绩效管理改革实践探索——兼论上海市闵行区"以结果为导向"的预算管理改革 [J]. 青海社会科学，2011 (05).

[88] 张雷宝. 我国财政支出绩效管理面临的现实难题与实现路径. 当代财经，2007 (12).

[89] 张维平. 对中国实行绩效预算管理的思考 [J]. 当代财经，2005 (02).

[90] 张小亮. 第三方政府绩效评估组织模式研究——基于公民参与地方治理的视角 [D]. 兰州大学, 2010.

[91] 张燕君. 美国公共部门绩效评估的实践及启示 [J]. 行政论坛, 2004 (02).

[92] 张志超. 美国政府绩效预算的理论与实践 [M]. 北京: 中国财政经济出版社, 2006.

[93] 赵学群. 绩效评价与绩效预算研究述评 [J]. 财政研究, 2010 (09).

[94] 郑方辉, 毕紫薇. 第三方绩效评价与服务型政府建设 [J]. 华南理工大学学报: 社会科学版, 2009, 11 (04).

[95] 郑方辉, 李振连. 论我国地方政府整体绩效评价 [J]. 当代世界与社会主义, 2010 (01).

[96] 郑方辉, 廖逸儿. 财政专项资金绩效评价的基本问题 [J]. 中国行政管理, 2015 (06).

[97] 郑方辉, 张兴. 独立第三方评政府整体绩效: "广东试验" 审视 [J]. 学术研究, 2014 (08).

[98] 郑建新, 许正中. 国际绩效预算改革与实践 [M]. 北京: 中国财政经济出版社, 2014.

[99] 中华人民共和国财政部预算司. 中国预算绩效管理探索与实践 [M]. 北京: 经济科学出版社, 2013.

[100] 朱春奎. 政府绩效预算. 美国经验与中国方略 [M]. 北京: 中国财政经济出版社, 2008.

[101] 祝小宁, 华燕玲. 论绩效预算在我国实施的现实阻碍 [J]. 电子科技大学学报 (社科版), 2006 (06).

[102] 卓越, 徐国冲. 2005—2011: 西方政府绩效预算最新趋势 [J]. 新视野, 2012 (03).

[103] Axelrod, Donald. Budgeting for modern government. New York: St Martins Press. 1988.

[104] Bogt H J T, Helden G J V. Challenging the NPM Ideas About Performance Management: Selectivity and Differentiation in Outcome – Oriented Perform-

ance Budgeting [J]. Financial Accountability & Management, 2015, 31 (03).

[105] Breul J D. Performance Budgeting in China? By: Jonathan D. Breul, MPA [J]. Journal of Government Financial Management, 2006.

[106] Burzynska, Dorota. Performance Budget As a Management Tool for Territorial Self - government Units [J]. Studies in Law & Economics, 2011 (84).

[107] C. Lorenz. The impact of performance budgeting on public spending in Germany's Lander [M]. Gabler Verlag, 2012.

[108] Caiden N. Public Budgeting Amidst Uncertainty and Instability [J]. Public Budgeting & Finance, 1981, 1 (01).

[109] Callahan C M, Waymire T R, West T D. Budget ratcheting and performance [J]. Advances in Management Accounting, 2011 (19).

[110] Cothan, D. Entrepreneurial Budgeting: An Emerging Reform? [J] Public Administration Review, 1993 (53).

[111] Curristine T. Government Performance: Lessons and Challenges [J]. Oecd Journal on Budgeting, 2010, 5 (01).

[112] David H. Rosenbloom, The context of Management Reform [J]. The Public Manager. 1995 (03).

[113] Dubnick M. Accountability and the Promise of Performance: In Search of the Mechanisms [J]. Public Performance & Management Review, 2005, 27 (03).

[114] Finance P. Performance Management in the Government of the People's Republic of China: Accountability and Control in the Implementation of Public Policy [J]. OECD Journal on Budgeting, 2009, 10 (02).

[115] Frisco V, Stalebrink O J. Congressional Use of the Program Assessment Rating Tool [J]. Public Budgeting & Finance, 2008, 28 (02).

[116] General Accounting Office. Performance Bucketing [R], 1993.

[117] General Accounting Office. Performance Budgeting: An Important Tool in Managing or Results [R], 1992 (05).

[118] Handbook P E M, Bank W. Public expenditure management hand-

book [M]. World Bank, 1998.

[119] Hardt L. Improving the quality of governance in Poland through performance based budgeting [J]. Mpra Paper, 2011.

[120] Heinrich, C. Outcomes - Based Performance Management in the Public Sector: Implications for Government Accountability and Effectiveness [M]. Public Administration Review, 2002.

[121] Kahn, J. D. Budgeting Democracy: State Building and Citizenship in America, 1890 - 1928 [M]. Ithaca: Cornell University Press, 1997.

[122] Kim S, Schachter H L. Citizen participation in the budget process and local government accountability: Case studies of organizational learning from the United States and South Korea [J]. Public Performance & Management Review, 2013, 36 (03).

[123] Lauth, T. P. Performance Evaluation in the Georgia Budgetary Process. Public Budgeting & Finance, 1985 (01) .

[124] Lauth, T. P. Budget reform in the United States and the State of Georgia [M]. Shih sin University, Taipei Press, Taiwan, 2004.

[125] Melkers J, Willoughby K. The State of the States: Performance - Based Budgeting Requirements in 47 out of 50 [J]. Public Administration Review, 1998, 58 (01).

[126] Moynihan D P. The Dynamics of Performance Management: Constructing Information and Reform [J]. Governance An International Journal of Policy Administration & Institutions, 2008 (03).

[127] Otley D. Performance management: a framework for management control systems research [J]. Management Accounting Research, 1999, 10 (04).

[128] Radin B A. Overhead Agencies and Permanent Government: The Office of Management and Budget in the Obama Administration [C]. The Forum. 2010.

[129] Ryu, SunH. Performance management in Korean government [J]. Dissertations & Theses - Gradworks, 2010.

[130] Schick A. Budgeting for Results: Recent Developments in Five Industrialized Countries [J]. Public Administration Review, 1990, 50 (10).

[131] Schick A. The Road to PBB: The Stages of Budget Reform [J]. Public Administration Review, 1966 (26).

[132] Thor C G. How to find, select, and display performance measures in government [J]. Journal of Cost Management, 2003, 17 (03).

[133] Waqas M. Local Government Management And Performance [J]. Journal of Biomechanics, 2015, 27 (06).

[134] Willoughby K G. Performance Measurement and Budget Balancing: State Government Perspective [J]. Public Budgeting & Finance, 2004, 24 (02).

# 后　记

全面实施预算绩效管理是推进国家治理体系和治理能力现代化的关键点和突破口。当前，大规模减税降费、政府过紧日子的背景下，中央积极推动地方政府探索预算绩效管理改革，注重发挥预算绩效管理的约束力，推动各级政府有效地配置资源，切实提高财政资金使用效率，以促进政府透明、责任为目的所开展的绩效管理活动。但是，在地方预算绩效管理改革的实践中仍面临诸多挑战和问题，其广度和深度上仍有待进一步加强。

本书结合完善地方预算绩效管理体系，探索引进第三方机构技术和服务，在广泛收集资料的基础上，梳理地方政府预算绩效管理的改革进程和困境，诠释最新改革动态，从引入第三方评价视角提出实现预算绩效管理科学化的政策建议，更好发挥预算绩效管理对经济发展政策制定的参考指导作用。

本书写作过程中，感谢恩师悉心教导、授业解惑，规劝训诫，鱼渔双授；感谢同窗以资切磋、亦师亦友；感谢同门一路相伴、鼓励支持，在此表示由衷的敬意和感谢。

为研究需要，本书编写过程中参考大量的相关文献，参考文献中如有遗漏，敬请原谅。因作者水平有限，书中难免存在诸多不足之处，恳请各位专家、学者批评指正。

孙　懿

2020 年 11 月